静心守一

一个民族羊绒品牌的"隐形冠军"之路

郭秀玲 —— 著

中国友谊出版公司

图书在版编目（CIP）数据

静心守一：一个民族羊绒品牌的"隐形冠军"之路 / 郭秀玲著. -- 北京：中国友谊出版公司，2025.1.
ISBN 978-7-5057-6034-9

Ⅰ.F426.81

中国国家版本馆CIP数据核字第20242RU224号

书名	静心守一：一个民族羊绒品牌的"隐形冠军"之路
作者	郭秀玲
出版	中国友谊出版公司
策划	杭州蓝狮子文化创意股份有限公司
发行	杭州飞阅图书有限公司
经销	新华书店
制版	杭州真凯文化艺术有限公司
印刷	杭州钱江彩色印务有限公司
规格	880毫米×1230毫米　32开 9.875印张　226千字
版次	2025年1月第1版
印次	2025年1月第1次印刷
书号	ISBN 978-7-5057-6034-9
定价	98.00元
地址	北京市朝阳区西坝河南里17号楼
邮编	100028
电话	（010）64678009

前言

在滚滚东去的时间长河中，无论是大浪淘沙，还是惊涛拍岸，我们皆能在一切匆遽里，感受到人类在岁月的更迭中、在历史的坐标上，努力对抗虚无和渺小而彰显出来的意义。

2023年10月，当我为全书最后一章画上句号时，我终于长长地吁了一口气。3年的时间，如逝川之水，一去无返，当我回望自己提笔为文的那一刻，感觉经历过的万千波澜都山呼海啸而来。

2020年，对于人类而言，是一个不同寻常的年份。全球疫情似乎让整个世界都按下了"暂停键"。在"躲进小楼成一统"的特殊时期，我将目光从昔日纷纷扰扰的外界收了回来，开始更多地关注内心的成长，聆听心底的声音。

我看到了很多人的变化，看到了人与人之间的不确定性，也看到了人们发现未来无法掌控时的焦虑和恐慌……而在这之后的重建与新生也是一个无比艰难的过程：复原自己事业与生命的秩序，整饬自己的心灵系统，也让我在有生之年收获了前所未有的感慨与思考。对我而言，这也许是用一本书来分享我的所思所感的最好契机。

在诗人笔下，"但见时光流似箭，岂知天道曲如弓"。的确如此。2021年是我从事羊绒产业30周年，我希望给自己留下一个纪念，给予自己一份褒奖。我深深庆幸自己在这么多年的摸爬滚打中，依然怀有一颗朴素的匠人之心——从草原大漠到黄浦江边，直至走向世界的舞台；从代工生产到创建自主品牌，有热血沸腾的豪迈，也有脚踏实地的笃定。

2020年5月，我获得了"2019年度上海市质量金奖"，我是金山区首位获得此奖项的个人。这个奖是上海市人民政府设立的质量荣誉之一，权威度不言而喻。

3个月后，LVMH（酩悦·轩尼诗—路易·威登）集团旗下顶级百货商场乐蓬马歇（Le Bon Marché）正式邀请沙涓（Sandriver）入驻。沙涓也成了国际大牌云集的古老百货公司里唯一的中国品牌。

同年10月，Sandriver艺术羊绒2020秋冬时装秀以"游牧之舞"为主题，在上海创邑SPACE老码头的水上T台重磅上演，同时发布了沙涓可持续品牌战略下的"零"系列羊绒成衣。这是沙涓自创办以来最隆重、也是最成功的一场展演。落下帷幕的那一刻，来自业界的赞美之声仍不绝于耳。

……

但这些足迹似乎也在提醒我，该停下脚步想一想，在沙涓品牌成长的过程当中，还有哪些时刻是需要被记录下来的，还有什么经验是需要被总结出来的，还有什么精髓是需要被分享出去的……这些记录、总结和分享将呈现一个中国制造业创新品牌的积淀与突破，以及我走到今天的"终极武器"。

就是要不甘于现状，敢闯荡

29岁那年，世界一流的针织电脑横机生产厂商——德国斯托尔（STOLL）设备制造有限公司（以下简称"斯托尔公司"）要研发"3D

无缝"（seamless 3D）全新技术。为此，它在全球范围内招募专家，组成攻关团队。当时的我已经结婚并生下女儿，在很多人眼里，我是"家庭美满、事业有成"的典范。在我生活的内蒙古当地，极少有从安稳的体制内出走的人，业已成家立业的女子舍弃优渥的一切，"放逐"自己去国外的更是罕见。但最终，我还是在一片质疑和反对声中丢掉了"铁饭碗"，从内蒙古的偏僻小镇出发，孤身一人前往德国工作，以期自己的技术能达到世界顶尖级水平。

如果说勇敢"出走"德国是我人生的第一个重大决定，那么在德国工作两年，成为织可穿领域软件编程方面世界排名前五的专家后，我选择了回国、落户上海并投身全球奢侈品代工行业，则是我人生的又一个重大决定。

在从事代工行业的10年里，我的工厂几乎服务过国际上所有奢侈品品牌。但屈居产业链下游、"为人作嫁"的结果，不仅是所获微薄，而且根本无法实现对自我创造价值的追求。于是在2012年，我毅然转身"另起炉灶"，自主创立了民族品牌沙涓，从劳动密集型企业向创意设计驱动的国际艺术高端品牌企业转变。

沙涓作为中国艺术羊绒领域的一匹"黑马"，被世界著名管理学家称为"隐形冠军"的标杆和"中国廉价商品的终结者"，我们的发展路径也成为全球多家商学院的经典案例。当年的"铤而走险"，让沙涓成为中国制造业工厂成功转型的先驱。

"偏执狂"赢得世界

乔布斯曾说过，只有那些疯狂到认为自己可以改变世界的人，才能真正地改变世界。

但"改变世界"的想法在很多人看来无异于天方夜谭，若没有孤注一掷的执着，没有"不破楼兰终不还"的铁血意志，就会折戟沉沙于中途。只有百折不挠者才能采撷到高山之巅的"雪莲"。所以在我看来，正因为有京东原副总裁蔡磊的"偏执"，"渐冻症"等罕见病才得到了现在的广泛关注，诸多相关科研成果才得到大力推进；也正因为有任正非的"偏执"，中国在通信技术领域自主研发方面才取得了举世瞩目的突破与成就。

回想起最初走上工作岗位的时候，作为一个文科生，我看不懂复杂高深的电脑编程，但为了将其攻克，我陷入了一种"疯魔"的状态，将工作之外的业余时间全部用在了自学编程上。同时，为了摸索设备运行的规律以取得更大的进步，我常常趴在设备上，一看就是半天。

当时的我想穷尽一切纺织技术的"奥秘"，于是，"偏执"成了一种巨大的内驱力。那些年，我孜孜以求，不断研究新的技术，包括新针法、新花型。经过焚膏继晷、通宵达旦地钻研，我成了德国总工程师眼中"超越德国技术员的实战高手"。

20世纪90年代，3D纺织技术尚处于最原始的"洪荒"状态，我全靠自己建模，结合手工代码，并动用"四维"思考，运用"无缝"技术做出了一件迷你实验品，领先国内国际同行十几年，率先实现了"3D织造"技术的梦想。

当很多人都认为我的行为匪夷所思时，我却沉浸其中，快意于此。因为在我看来，唯有"咬定青山不放松"，才能心无旁骛，以极大的专注聚焦于事，才能以无比惊人的执行力和永不妥协的精神导向最终的卓越。

谋全局者不拘一隅

在全球经济一体化的大背景下,品牌的竞争已经不仅仅局限于本国内,而是拓展到世界范围。这就要求企业家不能抱持着"偏安一隅"的思想画地为牢,只有心态开放,拥有全球视野,才能跳出"本土",增强品牌在国际市场上的竞争力。

秉持国际化的发展战略,沙涓从成立那天开始,就计划把自己放在国际市场上与全世界品牌一较高下。为了布局全球,我们组建了由世界级大师和专家构成的品牌顾问和管理团队。

我们不仅"请进来",还"走出去"。我多年来穿梭于五大洲之间,拜会高手、访贤求学,借鉴了多个国家的国际奢侈品品牌的发展经验和技术累积,全力将沙涓这个中国的民族品牌推向国际化的"竞技场"。沙涓先试水日本,大获成功后,我们又将目光锁定在有行业"试金尺"之称的德国。德国顾客体验过后,纷纷反映沙涓的品质远胜那些拥有百年历史的奢侈品品牌。

在日本和德国市场的"抢滩"胜利后,我们又先后8次进军巴黎时装周。通过在巴黎时装周的一次次精彩亮相,沙涓展示了自主设计与世界各地先进工艺相结合的结晶,它不仅占据了世界时尚舞台,也成为国际奢侈品领域的新宠儿。

崇尚环保,尊重自然之道

行业的可持续发展与人类的可持续发展是一脉相承的。保护好环境,就是在保护我们赖以生存的家园,就是在打造子孙后代的万世基业。

"草原"是沙涓品牌创立的发心之一。沙涓始于自然，归于自然。从2012年开始，我们就推出了品牌的哲学观念——"零废弃"。源于对草原资源的无限敬重，为了不浪费大地及生灵的任何馈赠，我们把蒙古语"零"作为花纹融入设计。生产中的"零废弃"原则让我们在制造过程中对每一段羊绒纱线都能100%物尽其用，这样的原则也蕴藏在每个员工的DNA中——可持续发展的理念，需要踏踏实实地践行。

为了生产出最天然、最环保的产品，我们的产品全部采用植染。为此，我寻觅了世界各地的植物，拜访当地的植物学家，搜集那些神秘的植物"家谱"，探求丰富多彩的天然之色，将其用于我们的羊绒产品。但这个过程无比复杂。自2016年起，沙涓为攻克羊绒服饰植物染色技术，投入了大量资金。经过中外专家的多轮打磨和尝试，沙涓终于成功将植物染色技术应用于羊绒上，让我们的羊绒产品散发着可以自由呼吸的纯净芬芳。

"顺之以天理，行之以五德，应之以自然。"如此，人类才能得到永续发展。

时时可死，步步求生

2003年，新东方教育集团创始人俞敏洪出版了一本演讲集，书名是《挺立在孤独、失败与屈辱的废墟上》，这无疑是他人生的真实写照。这位很多人心目中的创业精英，曾遭遇无数的危机：两次高考失利；因身染重疾而休学；执教北大后被辞退；事业稍有起色时，却遭抢劫险致命；创业中途，公司合伙人撤出，"三驾马车"分崩离析；

前言

"双减"政策落地后,教培"全盛时代"结束……但他一次次于废墟中挺立而起,寻求事业新的春天。有人评价他:"退场时保留多少体面,返场时就有多少掌声。"

"追光者"在前进路上,皆是时时可死,步步求生。

入行30多年,尤其是在自主创业20余年的历程中,我像是一条纵身海洋的鲸鱼,曾体会过风平浪静的畅意,但更多感受到的则是在惊涛骇浪间穿行的风险。

2008年,席卷全球的金融危机爆发。当时国内外很多企业业务量骤降甚至纷纷倒闭,我们也未能幸免于难:海外订单锐减,出口遇到瓶颈,导致利润大幅缩水。这些情况对于本就缺乏盈利优势的代工企业来说就如雪上加霜,让我们一度命悬一线。痛定思痛,我在一夜之间砍掉了占业务收入95%的出口订单,以所有可以抵押的东西——包括房产在内——做赌注,开始了自创品牌的研发和培育,成为中国成千上万企业转型大军中的一员。

品牌初创时,我除了供应链和技术工人,其他什么都没有——没有市场,没有设计,更不要说品牌体系了。当时,所有人都反对我的"疯狂"之举:你看前一年某品牌拿了四五千万元出来,第二年就全"烧光"了,却什么都没有做出来。

在巨大的压力下,我于2008年开了第一家测试店,并用整整5年时间去摸索与调整,却一次次碰壁,一次次铩羽而归。直到2012年,我才终于明确了品牌定位。

创业维艰,企业甚至随时可能面临倾覆之灾。而"生存还是毁灭"已经不是一个需要做出回答的问题,而是关乎企业命运的巨大博弈。

在一个充满了不确定性的时代，如何直面严峻的风险与考验？我的答案是：无论是面对大浪淘沙，还是潮汐退去，我们都要笃定信念，将根一寸寸地扎下去，以根深叶茂与守正创新迎接一切挑战。我们无法确切地知道人生究竟要经历多少次绝境，但只要心中拥有一片辽阔草原，就可以永远做翱翔于邈远天际、发出啸叫的苍鹰。

如同羊绒——那是纯种山羊在极端严寒中进化出的珍贵原绒，我们的心灵也需要在一次次向死而生中，锻造出金刚石一般的质地。而这，才是人生最丰厚的馈赠。

目录

前 言 /001

01 草原上的追梦人 / 001

缝纫机旁的母亲 /003
沙漠邈邈,如人生海海 /004
改天换地 /007
相信世间一切灵性的存在 /010
草原的孩子 /012
牧民与牧魂 /020

02 读书,唯一的出路 / 029

我要读书 /030

天上的父亲,您好吗? /032

玉壶存冰心 /036

内心盛满探索世界的愿景 /039

03 文科生成了技术专家 / 047

从一线女工开始的职业生涯 /049

迷茫的跋涉 /053

艺痴者技必良 /055

大家最怕遇到郭秀玲! /061

逃离舒适区 /066

出走 /069

目录

04 在孤独中挑战世界顶尖水平 / 073

德式理念——大道至简 / 074

革命性的颠覆 / 077

「德国制造」是怎样炼成的 / 079

「隐形冠军」的奥秘 / 082

为中国羊绒制造寻路 / 084

每一步都是抵达 / 090

05 回国，艰难的代工之路 / 095

情系「魔都」/ 096

国际大牌的代工之选 / 101

「为人作嫁」的辛酸 / 103

金融危机下的恶性竞争 / 107

尊严的重量 / 109

成为中国的 Max Mara / 111

06 做中国人自己的品牌 / 115

品牌转型的突围之道 / 117

Sandriver沙涓的诞生 / 121

绝境中的工匠精神 / 122

民族的,才是世界的 / 124

为品牌插上艺术的翅膀 / 150

07 邂逅小筱顺子:高端、时尚、自然 / 155

沙涓首席设计师 / 156

用做日本料理的思维做羊绒 / 159

敬业的楷模 / 166

巨大的国际影响力 / 171

08 做羊绒,我是技术狂 / 175

离灵魂最近的纤维 / 176

『暴殄天物』般的原料选择 / 181

怀念童年的那抹嫣红 / 182

大自然给予什么,我们就接纳什么 / 187

素手弄『纤云』/ 191

手工艺复兴下的产业帮扶 / 195

几近失传的古老工艺 / 202

用9年还原千年 / 203

零废弃 / 211

09 零退货率的奥秘 / 221

魔鬼藏在细节里 / 222

来自顾客的认可 / 225

产品背后的那些人 / 227

由『器』至『道』 / 233

10 办公室是个小型『联合国』 / 239

『请进来』的世界级管理专家 / 240

中国『隐形冠军』的总规划师 / 243

『走出去』的国际化设计团队 / 249

将法式浪漫嵌入沙涓 / 253

11 疫情『大考』之下的突围 / 261

向2020年致敬 / 263
一场自救行动 / 271
『飓风』过后 / 274

12 挥师海外的第一羊绒品牌 / 277

试水日本,登陆德国 / 279
8次冲进巴黎时装周 / 282
改写羊绒领域历史 / 286
一只『羊』能走多远 / 293

在我生命的原点上,如果说响沙湾是壮阔、明净、苍凉的,那么我曾经生活过的草原就是锦绣、丰茂、辽远的。一个广袤无垠,一个绿意盎然,彼此呼应,就像我内心深处看似不相干的刚毅与柔情,它们呈两极之势,互相补充,最终构建了我的精神世界。

01
草原上的追梦人

  我相信,一个人无论走了多久,走了多远,都是背着故乡的记忆在走的。
  在我对故乡的记忆里,有母亲对困难的隐忍、对生活的热爱,有牧民们的简单真诚和面对困难时敢于改天换地的"愚公精神"。它们共同铸就了我的人生态度,影响了我做人做事的方式。

给我一瓢长江水啊长江水

酒一样的长江水

醉酒的滋味

是乡愁的滋味

……

给我一张海棠红啊海棠红

血一样的海棠红

沸血的烧痛

是乡愁的烧痛

……

年少时,初读余光中先生的《乡愁四韵》,我尚不知乡愁的滋味。后来,当我离开故乡,奔波于世界各地时,乡愁则具化为一帧帧梦中的场景:黄沙漫漫,牛羊盈野,阿妈在煤油灯下缝制衣衫,阿爸则昼夜守候着他的小羊出生。

缝纫机旁的母亲

"王爱召"这个名字,想必很多人都感觉陌生。它是内蒙古鄂尔多斯市达拉特旗辖下的一个乡。52年前,我就出生在这里。

在古老而富有传奇色彩的鄂尔多斯,到处可以听到带有"上房瞭一瞭,瞭见个王爱召"这句歌词的动听民歌。"王爱召"原是一座规模宏大、极为壮观的庙宇,全称为"乌哈格尼巴达古拉圪齐庙",80多年前在战火中成为废墟。但生活在这里的人们,一代代在废墟之上重新莳种希望。

多年后,当我向我的上海同事和外国朋友提及我的家乡时,他们能够想象到的只有处于遥远西北边陲的一个地理坐标,那是中国千千万万村落的一个缩微影像。对于未曾亲近过那片土地的人来说,它只是一片抽象、模糊与陌生的异域;但对我而言,它却是如此具象、清晰与熟悉,无论我什么时候回望,它都在翘首以盼。

我记得旷野中的白桦树在冬日的阳光里闪耀着银亮的光泽;我记得在无人留意的午后,冲出家门找小伙伴们去玩耍的疯狂;我记得在内蒙古零下30度的天气,一个小火炉成为全家取暖的"利器",我们在炭火"噼噼啪啪"的燃烧声中谈天说地……

我们是六口之家,兄弟姐妹4个,我是最小的女儿。我的父母是最普通不过的中国农村父母,他们的身上始终保持着劳动人民勤劳纯朴的本色。

母亲虽然只上过小学一年级,不认识几个字,却心灵手巧。为了贴补家用,她经常踩着缝纫机给别人家做衣服。她的裁剪和缝纫技术基本上是无师自通。在那个生活异常窘困的年代,她可以将布料的尺寸计算到毫厘不差，衣领衣襟合体周到。她不仅做全家的衣服，还做过全村人的新衣。人们都对她高超的缝纫技术啧啧称叹。

多年后，经常浮现在我脑海里的一个场景，就是母亲坐在缝纫机旁飞快地踩着脚踏板。在轧轧机杼声中，一道道精致的锁边、一件件用旧衣改造的新衣，就在她手里诞生了。

小时候的我，觉得母亲就像传说中的"织女"，虽无罗绮轻裁、雕花铺锦，但由于她的勤快能干，我们几个孩子的衣服从来都洗得干干净净；仰赖她的一双巧手，我们的旧衣服也经常别出心裁地被设计出一些新花样。

每次母亲做活计的时候，我总是安静地在她旁边写字、学习，或者与她应和着唱歌。歌声伴随着缝纫机泠泠作响的节奏，成为那段清寒岁月里最优美的旋律。后来我走上纺织之路，不乏母亲潜移默化的影响。她对苦难的隐忍，对生活的热爱，对缝纫技艺天赋一般的领悟力，都在我的生命中打下了深刻的烙印。

沙漠邈邈，如人生海海

长生天是蒙古族的最高天神，它护佑着故乡这片神奇的沃土，护佑着母亲一般的大地。为此，长生天不仅赋予了它碧波万顷的草原、气象庄严的庙宇，也赐给了它浩荡无垠的沙海。

距离我们的村庄40多公里的地方，就有著名的响沙湾。响沙湾是中国三大响沙之一，被称为"响沙之王"。在蒙古语中，响沙湾意为"带喇叭的沙丘"。

相传很久以前，响沙湾的沙漠中有一座远近闻名、香火旺盛的喇嘛庙。一天，正当千余名喇嘛席地念经、佛音不绝之时，忽遇天色大变。狂风席卷着砂石，顷刻间将寺庙埋入沙漠之下。所以现在人们听到的沙响声，就是喇嘛们在沙下诵经、击鼓、吹号的声音。

当然，这只是一个带有几分悲壮色彩的传说，"响沙湾"这个诗意名字的真正由来，是因为这里的沙子只要受到外界撞击，就会发出各种奇妙的声响。譬如，人们从沙丘的顶部往下滑，在风驰电掣中，便可听到沙子里传出仿佛击鼓、吹奏的响声。轻辄如青蛙的清越之音，重辄像车轮隆隆驶过、飞机轰鸣；有时又恰似百雷贯耳，或如慷慨激扬的交响乐。若是三五游人同时下滑，则其声若黄钟大吕，更显气势磅礴。整个沙丘仿佛是一个巨大的沙制回音壁，各种声音在这里交汇、碰撞、回荡。

小时候，响沙湾还没有成为旅游区，每逢假期，我都会和小伙伴们骑着自行车来这里玩。响沙湾形似月牙，逶迤连绵的沙丘如波澜起伏的大海，我们奔跑其中，宛如御风而行。我们有时脱掉鞋子，光着脚丫，让裸露的肌肤感受着细沙的摩挲和抚慰。那些细沙在我们脚下，有如锦缎一般徐徐铺展。它柔软而熨帖，与每一寸肌肤、每一处毛孔呼应。沙与肌肤相缱绻的感觉，竟让我产生了文学想象。

调皮的孩子们在沙漠里跑啊跳啊，追逐打闹。最刺激的场面，就是我们相约一起从沙坡上滚下来。沙坡很陡，但天不怕地不怕的小孩子们却乐在其中。在滚落的过程中，我们身下的沙丘发出仿佛飞机引擎轰鸣的声音，我们高声地尖叫着，笑成一团……当我们玩累了，就齐刷刷地仰倒在沙子上，就像扑进了母亲的怀抱。

除了沙漠，再没有任何一个地方能让我们如此无所顾忌，能够将全部的身心交付于它。它以无边的宽广与温柔，承托着我们，拥抱着我们。我们躺在上面,感受着晴空一碧的澄澈,体会着万籁俱寂的静谧。那种辽远与安宁,仿佛亘古如斯,而人类在浩渺的宇宙中,在历史的长河里,似乎也变成了一粒粒沙。多年后,当我读到苏轼《赤壁赋》中的名句"寄蜉蝣于天地,渺沧海之一粟",便立时产生了强烈的共鸣。

人也许只有真真切切地感悟过恒久与短暂的对照、博大与渺小的反差,才能去试图创造一种永恒的价值,去消解微不足道的自我。

沙漠邈邈,如人生海海。从我跃入它的那一刻,一种冥冥之中的命运联结似乎已生成。

纵情于大漠中,有时,我们会用沙子将身体完全覆盖,只露出头部。被沙子接纳和包裹的我们仿佛成了大自然的赤子,与其坦诚相对。在呼吸吐纳之间,我们犹如接通了与宇宙、与万物之间的能量流动,成了一个灵魂自由自在的人。

我常想,在我不拘一格的天性中,应该有一大部分是来自响沙湾的。它不仅给予了我心灵最大的释放,更赐予了我遨游世界任驰骋的奔放胸襟。

后来,我每年都要带着世界各地的朋友回到故乡,追本溯源,第一站永远是响沙湾。我的朋友——无论是都市精英还是异国专家,当我们在大自然面前卸下世俗社会的身份,拂去满身的疲惫,纷纷从沙坡上滚落下来后,也将所有的羁绊一扫而空。而与沙海融为一体时,我们仿佛也感受到了洋溢于这天地之间的生命的酣畅淋漓。

改天换地

沙漠是浑厚的、苍茫的,是海纳百川的存在。但当它危害一方时,当地的百姓便会深受其苦。

新中国成立时,库布其沙漠每年向黄河岸边推进数十米,流入黄河的泥沙有上亿吨,不仅直接威胁着"塞外粮仓"——河套平原和黄河安澜,而且对当地百姓的生产和生活也造成了极大的影响。作家梁衡曾写过达拉特旗中和西镇官井村沙害最严重时候的惨状:

> 40年前的这里曾是飞沙走石一片混沌。村民的住房一律门朝里开,如果向外,早晨起来沙拥半门高,你根本推不开门,人将被活埋在屋子里。村里所有的院子都没有院墙,如有墙,一夜狂风满院沙,墙有多高沙有多深。苏东坡形容月光下的院子,"庭下如积水空明,水中藻、荇交横,盖竹柏影也"。而风沙过后的院子,沙与墙平,月照明沙静无声,死寂得像一座坟墓。

王爱召乡虽然没有遭受如此严重的沙害,但当狂风肆虐时,也是黄沙蔽日、阴霾重重,能见度很低。人行于路上,往往被大风吹得步履踉跄,犹如在汪洋中颠簸的一叶孤舟。我骑车上学时,总是被大风刮得摇摇欲坠,不得已,经常要推着车子艰难前行。风沙过后,家家户户的院子中,屋里的窗台、地面上,都是一层厚厚的沙土,要经过长时间的打扫和擦拭,才能洁净如初。在童年的记忆中,每次风沙过后,我都要和爸爸妈妈、哥哥姐姐一起将屋里的玻璃、窗台、桌子等擦洗至少两遍以上,才能令器物恢复最初的色泽和光彩。

静心守一：一个民族羊绒品牌的"隐形冠军"之路

1978年，随着"三北"防护林体系工程的启动，库布其沙漠率先吹响了植树造林、绿化家乡的号角。那些年，在我们当地，无论是政府公职人员还是中小学生，抑或村民，都要去植树，由此掀起了一场场声势浩大的全民植树活动。我们像披甲执锐的战士一般，拿着铁锹、抬着水桶，从很远的地方来到沙地与沙坡植树。当第一棵树苗在沙漠中被栽下的时候，希望也就一同被种下了。

最初，干旱的沙漠里"种下多少，倒下多少"。从最初的成活率只有1%，到后来的成活率高达90%，其间是一代代"治沙人"艰苦卓绝的努力的结果。后来我离开内蒙古，当地的植树活动却从未偃旗息鼓。

除了在沙漠上植树造林，很多沙害并不严重的地带也加强了绿化，以起到涵养水源、防风固沙、改善生态环境的巨大作用。经过几十年的治理，库布其沙漠及其周边的环境，包括王爱召乡，都发生了翻天覆地的改变，生态资源逐步恢复。从"沙进人退"到"绿进沙退"，我们创造了大漠变绿洲的奇迹。还有位于内蒙古鄂尔多斯和陕西省榆林之间的毛乌素沙漠，曾经"山高尽秃头，滩地无树林。黄沙滚滚流，十耕九不收"。经过多年的治理，如今也是绿植覆盖，满目葱茏。

曾经的不毛之地，如今宛如"塞上江南"。远眺过去，映入眼帘的是花棒、苜蓿等灌草展开的一张张硕大的地毯，羊柴和柠条开着红白相间的小花，沙柳的枝条随风摇曳，一棵棵高大的杨树、榆树枝繁叶茂、浓荫匝地。

01　草原上的追梦人

故乡的沙河

　　美国航空航天局发布的卫星图显示,近年来,中国在不断地变绿。许多外国人感叹:为什么中国总能发生奇迹?原因无他,因为生活在这块土地上的人们,以他们敢于改天换地的"愚公精神",以他们的勤劳与智慧,创造了惊世之举。

　　如今,迷人的响沙湾已成为内蒙古的一个著名旅游区。有一首英文短诗如此写道:"一沙一世界,一花一天堂,握无穷于掌,刹那即永恒。"在大自然的怀抱里徜徉,在天地之中感悟着有限与无穷的冲突,"刹那即永恒"就成为响沙湾给予每一位寻访至此的客人的生命启迪。当他们纵目四望时,会看到五色沙山在阳光的照耀下熠熠生辉,远处树木丛生,百草丰茂,一派生机勃勃。到了黄昏时分,夕阳悬于天边,辉映着莽莽苍苍的大漠,面对这番景象,人们心中自然会涌起唐代大诗人王维《使至塞上》的诗句："大漠孤烟直,长河落日圆。"若非亲临其境,你是无论如何也感受不到这种雄浑壮美的意境的。

到过响沙湾的人都知道,响沙湾还有一个名字,叫"银肯响沙"。"银肯"为蒙古语,意为"永久"。当生命的绿洲在这里出现,当成群的驼队从这里走过,当夜晚的星空如银河泻落,不能不令人感慨,这天地的圣灵必将永久地存在。

永恒来源于不曾枯竭的生命力,也来源于人类未曾停止的脚步,就像那些留在沙漠里的一行行坚实的足印,虽曲曲折折,却一路向前。

多年后,当我回望响沙湾,不得不承认,连绵大漠、万顷瀚海,不仅是我生命的发源地,也孕育了我坚忍不拔、坦荡如砥的性格。无论是自然界的钟灵毓秀,还是现实中的风刀霜剑,都在无形中培养并锻造着我:面对困难,我从来没有退避三舍,而是知难而进;面对业已取得的成绩,我也从来没有居功自满,而是笃行致远。也因此,我看到了这个世上更辽阔的风景,收获了更壮美的人生。

相信世间一切灵性的存在

四时生万物,天地有大美,但我更相信这个世间一切灵性的存在:花草树木,飞禽走兽,每一座高山,每一条河流,乃至每一阵风过,每一声沙鸣,都仿佛代表着自然的神谕。

当我后来离开王爱召乡,离开响沙湾,奔走于各座城市、各个国家时,在某些不经意的游离瞬间,我仿佛又回到沙漠,重新听到了那些动听的响沙声。

我相信,一个人无论走了多久,走了多远,他都是背着故乡的记忆在走的。

2012年,当我正式创建羊绒品牌时,我和我的设计团队对名字冥思苦想了很久。最后,我还是确定了"沙涓"(Sandriver)这个名字。sand是沙,是土壤的主要构成元素,来自响沙湾,那是我魂牵梦萦的故乡;river是河,是草原上绿洲的源泉,是滋润土地的血液,也寓意黄浦江,这里是我生活及事业腾飞的地方。

蒙古文化和上海时尚元素、国际艺术文化领域的嫁接,是我想塑造的这个高端品牌的核心价值。后来,我的很多产品创意都来自响沙湾,来自"沙"的启谕。甚至我们对新品的展示与宣传,有时也会将舞台设置在大漠。譬如,以"漠·曙"为主题的秋冬时装秀,就诠释了"漠生万物,万物知天曙"的自然法则,向大漠感恩,向天地万物致敬;2017年我们的羊绒新品亮相巴黎时装周之前,我们就以广阔无际、绵亘天边的大漠作为"寻根之旅"的重要外景拍摄地。

因此,沙漠是我生命的起点,也成了我创建和发展品牌的灵感之源,甚至是一生的牵挂。

如果你来到沙涓的上海外滩旗舰店,琳琅满目的羊绒制品会让你感受到优雅时尚的气息,除此之外,相信店内地板上被玻璃保护起来的景观——来自响沙湾的一条"沙河",也会给你带来不小的震撼。当客人或朋友好奇地向我探听其中原委时,我总会告诉他们,这是我从小玩耍打闹的沙坡上的沙子。

我千里迢迢把它们从遥远的内蒙古托运过来,花费不菲。最初,运输公司不肯为我送,也许因为在他们眼里,这太匪夷所思了,他们经手的货品中还没有过这样的案例——一堆来自遥远北疆的、不值钱的沙子，不是用于建筑，也不是用于制造，仅仅是用来寄托一个游子的思乡情，用来提醒一个创业者最初的来处。

在我们不断拓展的事业版图中，有各种缜密周详的战略规划与精心设计，但有一个细节安排是共有的，那就是沙子成为每个新开店的装帧标配。很多人不理解这一捧捧来自大漠的细沙与南方的沙子有何不同，竟让我如此痴迷！但我知道，它们最大的差别不在颗粒大小，不在分子结构，不在物质属性，而在于它们的来源地，在于它们的意义承载。它们时时刻刻在告诉我，让我谨记：属于一个人的精神原乡，会一直扎根于她成长的沃土。

苏子曾说："此心安处是吾乡。"这些细白莹泽的沙子，是让我无比安心的抚慰剂，它们与我温暖相伴，予我宁静与踏实，是使我不辍前行的动力。

有时在恍惚间，我不禁问自己：那个在响沙湾快乐奔跑的少女，那个于大雨倾盆时躲在父亲车架下读书的小姑娘，那个怀着无限梦想奔波于异乡的游子，那个代表国家"出征"，将中国顶级羊绒艺术品介绍给全世界的企业家，哪个是我？哪个更是我？

于昨日旧我中，诞生今日之新我；于今日之新我中，也一定会淬炼出未来之我。"明所从来，知向何处"，无论我身在何处，都知道自己从哪里来；无论我从哪里启程，都知道自己要去往何方。

草原的孩子

在我生命的原点上，如果说响沙湾是壮阔、明净、苍凉的话，那么我曾经生活过的草原就是锦绣、丰茂、辽远的。一个广袤无垠,一个绿意盎然,彼此呼应,就像我内心深处看似不相干的刚毅与柔情,它们呈两极之势,互相补充,最终构建了我的精神世界。

作为响沙湾的赤子,更作为草原的孩子,我的呼吸里,仿佛都挟带着那里的长风,那里的青草香。后来,它们成为镌刻在我基因里的神韵、挥洒在我作品里的线条,成为一个民族品牌最深厚与隽永的背景。

> 敕勒川,阴山下。
> 天似穹庐,笼盖四野。
> 天苍苍,野茫茫。
> 风吹草低见牛羊。

相信内蒙古以外的很多人,都是通过这首著名的北朝民歌初步认识内蒙古的。

以蓝天为被,以草原为床,在内蒙古这片118.3万平方公里的土地上,"东林西矿、南农北牧",数十个大大小小的草原星罗棋布。它们哺育了这里的牛羊,也养育了一代又一代的牧民。

在我生活的内蒙古鄂尔多斯达拉特旗,牧场并非无边无际,亦没有草深没牛羊的苍茫幽邃,但它一马平川,碧草如茵。到了七八月,草势长得最旺时,远望过去,蓝天白云之下,丝绒一般的绿色牧场就像安谧的童话的场景。

著名作家老舍先生曾到访过内蒙古,并以他深情的笔触写道:"我是爱花的人,到这里我却叫不出那些花的名儿来。……那里的天比别处的天更可爱，空气是那么新鲜，天空是那么明朗，使我总想高歌一曲，表示我的愉快。"

这份愉快是独属于草原的。

在草原上出生的孩子，没有城市的公园可逛，没有大型游乐场可玩耍，但开满了野花的牧场，就是我们天然的乐园。那时我经常和小伙伴们去田垄间、草场上疯跑。我们听到耳边传来的风声和自己急促的喘息声，当我们跑累了，摔倒在草地上时，就像躺在一个柔软的大毡子上一样舒适惬意。细簇的草叶拂过我们的脸颊，我们轻轻嗅着牧草的清香，如同啜饮着生命的甘泉，仿佛五脏六腑都被浣洗一遍、涤荡一新。

有时，我们会跟随大人们一起去放牧，悠然地走在羊群后面，我们俨然也成了牧羊人。洁白的羊儿在草丛里逍遥自得地吃草，我们聆听天籁般的虫鸣，还有羊儿吃饱青草后发出的满足的叫声。百无聊赖时，我会偶尔驱赶那些不听话的小羊，让它们重新归队。它们有的仪态高贵地回归"大本营"中，有的会更加调皮地逃向别处，我们佯装生气地追赶它们，它们绕了几圈，就会颇"识时务"地欢蹦着回到队伍中。小山羊一直是我记忆中最有趣的玩伴。它们满院子撒欢嬉戏，我走近它们，抱着它们，与它们无限亲近时，它们清亮的眼眸里盛满圣洁的光辉，完全没有对人的敌意。

在草原上，最动人的就是黄昏时分，落霞满天，炊烟袅袅，牧归的羊群发出"咩咩"的叫声，那是呼朋引伴的声音，或是母子在相互召唤。夜幕降临后，深蓝的天幕上繁星点点，月华如水，人欢马嘶的草原就这样在漫天的清辉之下，渐次进入了梦乡。第二天，薄雾升起，奶香飘飘，牛羊们再次欢跃地走向牧场深处……在我们当地，家家户户都有牧场和农场，通常一户牧民有3000~4000亩草场，有的人家甚至多达6000亩。牧民策马扬鞭直达草原深处，在这里是常态。

3月份，母羊开始集中生育，小羊羔的生命力都非常顽强，往往落地后很快就可以站起来。250只羊2周就能结束生产。这段时间里，牧民24小时不能睡觉，密切关注小羊的情况。小孩子很贪睡，有时我一觉醒来，在天色熹微中，就看到父亲因为一夜未眠而熬得通红的眼睛，以及刚刚降生的小羊。我跑上前去，爱抚着它们软软细细的绒毛，仿佛滑过人世间最珍贵的锦缎。它们一点都不认生，带着初生的好奇和充满无限信任的眼神，看着与自己亲密的孩童。

4月初结束母乳喂养之后，初生的小羊就会增加辅食，胡萝卜和黄豆是最合适的。面对这些"奇形怪状"的食物，小羊一开始完全是懵懂的，只是特别顽皮地拿这些胡萝卜玩耍。慢慢适应后，它们才渐渐离开对母乳的依赖，对这些上好的美食大快朵颐。而黄豆通常要煮成半熟，我经常双手掬着一捧豆瓣去喂我的小玩伴。羊儿有时等不到妈妈回来，就爬到我脸上极尽娇憨地亲昵，我的耳垂是小羊最爱吮吸的地方。因为被小羊弄得痒痒的，我总是止不住"咯咯"地笑起来，与"小伙伴"们欢愉的"咩咩"声合奏出一支快乐的"牧羊曲"。

每当大卡车拉着来年的草料及胡萝卜进入牧场，就意味着冬储的开始。草料会被整齐地堆放在牧民后院的草料房里，这是牧场一个冬天的口粮。小羊一批批地长大，草原也在朝起暮落、四季更迭中走过一年又一年。

为了草原的可持续发展，7月前是休牧期，大羊小羊都被圈养在家里，被木栅围住，羊群"济济一堂"的情景非常热闹。但这仿佛田园牧歌式的草原，并非永远都是充满诗情画意的，祖祖辈辈生活在这

吃草的小羊羔,我童年亲密的玩伴

里的人们,在享受大自然的恩泽时,也要经受造化的洗礼。

牧民是靠天吃饭的,充沛的雨水便是上天赐予的甘露,它让牧区水草鲜嫩、生灵肥壮。

但遇到大旱之年,牧场便会迎来最严峻的考验。草原上总是如此,多少自然灾害主宰了生灵们的命运。

记得小时候,每次碰上旱灾,就会导致牧草稀疏、枯败,甚至旱死,牧民们就要纷纷将牲畜出栏,以减轻越冬饲草不足的压力。我家

里也是一样，适逢荒年，父亲就要被迫卖掉一些羊以渡难关。每当看到可爱的玩伴被牵走时眼泪汪汪、频频回首，我总会悲伤得不能自已。这种天然的情感牵系，让我在多年后创立自己的羊绒品牌时，仍会将这些情感深深地植根于丝丝缕缕织就的纹理中、绵绵密密的针脚里，甚至是每一种色彩、每一个图案中。我仿佛一直感受着草原的厚馈，它们也是草原和小山羊留给我最好的礼物。

我永远忘不了2015年夏天的那次草原行。那一年，南方暴雨成灾，内蒙古草原却遭遇了罕见的大旱。当我们的车子驶入鄂托克旗时，映入眼帘的满眼枯黄，触目惊心。那是8月初的夏日，应是草原上牧草青青、长势最好的季节，怎会如此荒芜？近乎干竭的草地裸露出土壤，风吹过，便尘土飞扬。

此情此景令我心痛不已，我深深意识到：天灾固然无情，但人类无论如何发展，都要保护好我们赖以生存的家园。奥尔多·利奥波德在《沙乡年鉴》里说："一种平静的较高的'生活水准'，是否值得以牺牲自然的、野外的和无拘束的东西为代价。对我们这些少数人来说，能有机会看到大雁要比看电视更为重要，能有机会看到一朵白头翁花就如同言论自由一样，是一种不可剥夺的权利。"

两千多年前，孟子就曾在梁惠王向其求教治国之道时，表达过生态保护的理念："不违农时，谷不可胜食也；数罟不入洿池，鱼鳖不可胜食也；斧斤以时入山林，材木不可胜用也。"

从2012年开始，我们就提出了品牌的哲学观念——"零废弃"。为此，我们把蒙古语"零"作为花纹融入设计，这表达了我们对草原资源的无限敬重，力求不浪费大地及生灵的任何馈赠。生产中的"零废弃"原则让每一段羊绒纱线都能100%得到应用，这样的原则也蕴藏在每个员工的DNA中——可持续发展的理念，需要踏踏实实地去践行。

这也让我在品牌发展壮大的过程中，始终不忘环保的初心。我希望人类在不停迈向更高更远的目标时，也能时时关注足下的土地；我希望我们的大工业时代即便日行千里地发展，也要对大自然永远心存敬畏，永远与她和谐共荣。

大自然的自愈能力与牧民的坚强性格是一脉相承的。到了第二年

01　草原上的追梦人

沙漠内蒙古家族牧场中的白色成年绒山羊

雨水充足的季节，草原就会重新焕发出勃勃生机，牧民的笑脸重新绽放。于是，马头琴的琴声重新飘荡在草原上。

牧民与牧魂

在我的心中，除了"微风卷绿浪，草原暗花香"的牧场，除了仿佛珍珠一般点缀在草原上的成群牛羊，最令人怀念的，还有这里朴实憨厚的农牧民。生于斯，长于斯，他们亦如这平坦开阔的草原。他们不精明、不世故、不善言辞，甚至有些木讷，但他们大多简单纯善。

我最初性格的形成与塑造，不仅源于有爱的家庭环境，同时也受益于这些质朴无华的牧民。

在草原上，一切都是敞开的——人与动物之间，人与人之间。与他们交往，一是一，二是二，没有迂回曲折，更没有虚与委蛇。这种风格不仅影响了我做人做事的方式，也铸就了我后来在商场上与人打交道的思维模式。在我看来，"真诚"是通向一切的道路，它不仅节约了沟通的成本，也让我们在生活和工作中建立起了彼此信任的基石。

在草原，有淳朴的牧民，也有骁勇的斗士：他们策马扬鞭，能骑善射，是威武雄壮的套马汉子，是力大无比的摔跤手，是百发百中的弓弩手。而我们最敬慕的先祖，就是一代天骄——成吉思汗。当年，他铁甲铮铮，攻城略地，一举将版图拓展至整个欧亚；如今，他仍是草原勇士的最高典范。成吉思汗的遗风传播至今，就是蒙古族身上无论有多少天然的朴拙，却从来不匮乏剽勇无畏的特质，更不缺少包容豁达的豪爽。

虽然我是纯正的汉族人,但我们的草原上蒙汉杂居,大家毫无民族隔阂,其乐融融地生活在一起,亲如一家。记得小时候,每逢家中来客人的时候,母亲总是拿出最好吃的予以招待。要知道在那个物质匮乏的年代,这些仅有的美味也许是全家一年都舍不得享用的。但哪怕是陌生人,只要路过家门,母亲都会真心相赠。

在草原上,一户人家距离另一户非常遥远,因此途经的过客往往要留宿一晚,第二天再骑马上路。面对要"落脚"的客人,人们不仅不会将他们拒之门外,而且总会以礼相待。这是内蒙古人最值得称颂的性格:纯朴至极,热情好客,这也来自他们像草原一般宽阔的胸怀和善良的天性。

当年,我每次去小伙伴或者邻居家玩,也经常能吃到唇齿留香的奶豆腐,喝到甘醇的奶茶。我会把碗边的最后一滴奶茶也舔得干干净净,那是对食物的敬意,也是对美味的贪恋。尽管在草原,我们家家户户都能享受到这些特产美食,但在小孩子的眼里,百家米有百家香,每个阿妈熬制出来的奶茶,也许都具有别样的风味吧。

当我后来离开故乡,我才逐渐意识到,我不止是贪恋那里的山川草木、奶茶飘香,我更眷恋的是人与人之间那种质朴真挚的情谊。多年后,我无论是飞往多远的地方——欧洲或美洲,都会带一包奶茶在身边。疲倦之时冲上一杯奶茶,所有倦意荡然无存。我不屈前行的动力,也源于此"琼浆"从未间断的滋润。一如生活在草原上的人们,无论生活富裕抑或困窘,无论经历了多少艰辛与磨难,都无法剥夺他们慷慨大方、乐观旷达的天性。

在这里,牧民承受人生的苦难,也享受生命的欢欣;在广袤的穹隆之下,在四季轮回的流转里,他们将加诸命运的一切悲欢离合,都

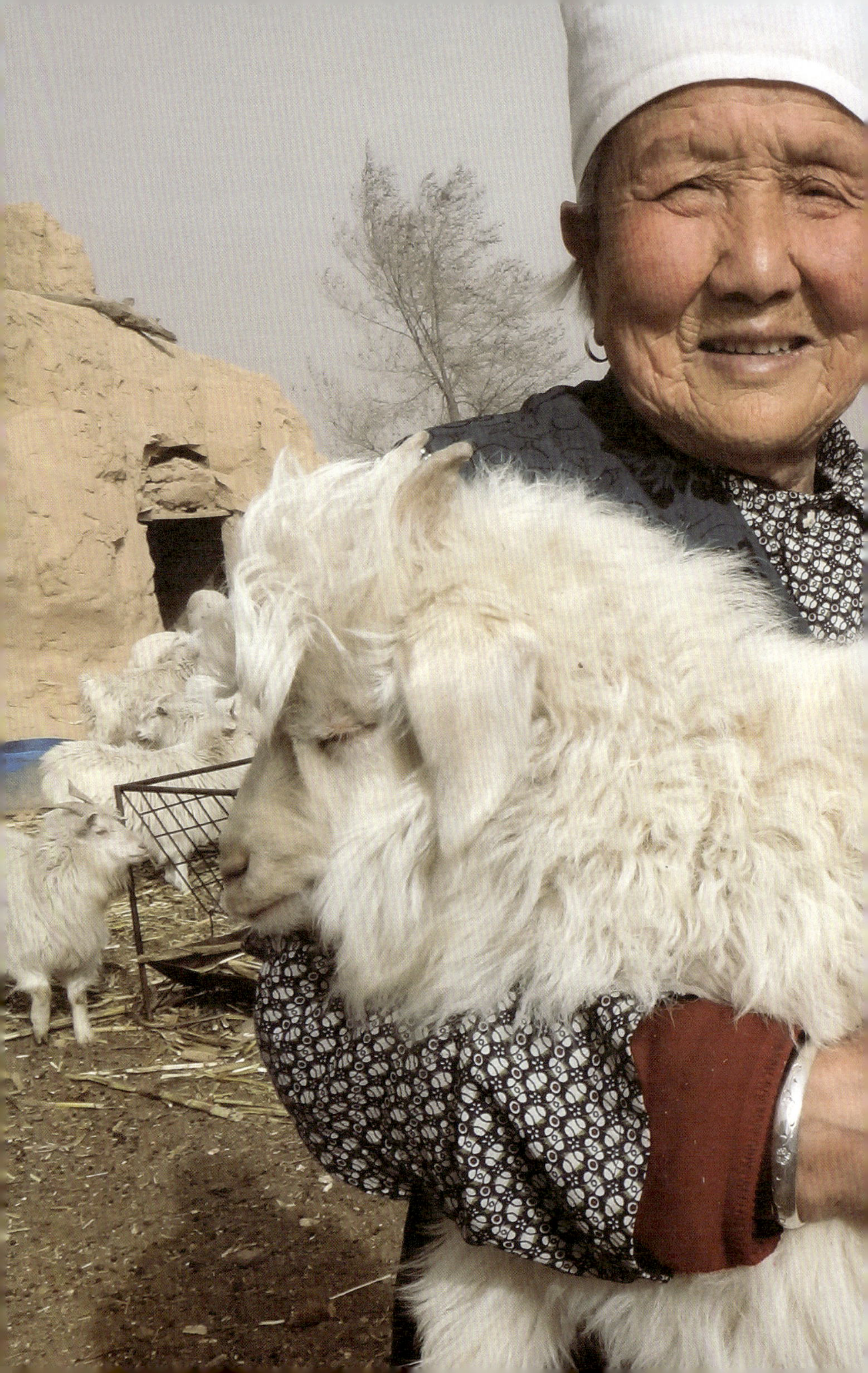

姑姑正在照顾出生几个月的小山羊羔

2022年，姑姑离世

稀释在生活的海洋里，都寄托在低回悠远、深沉婉转的马头琴声中。因为他们相信，"太阳下去明天依旧爬上来"，就像盛开在草原上的萨日朗花，岁岁年年，常开不败。

出生在这里的孩子，后来成为"追风筝"的人。他们翻山越岭，奔波在遥远的异乡，但千里之外的草木香，仍飘荡在他们"夜来幽梦忽还乡"的追忆中。而生活在这里的牧民，依旧守护着永远的草原，守望着他们漂泊在外的孩子，让孩子能找到回家的路。

多年前，有一部纪录片《哭泣的骆驼》在草原流传。

在茫茫的荒原上，一户四世同堂的牧民家里，一头黄骆驼难产，最终生下了一头白色的小骆驼。面对这个"天外来客"，经历了生育之苦的骆驼妈妈拒绝给小骆驼哺乳。嗷嗷待哺的小骆驼饿得摇摇晃晃，身体越来越虚弱，发出断断续续的悲鸣。

于是，经验丰富的爷爷请来了优秀的琴师，拉起马头琴。呜咽的琴声仿佛是一条忧伤的河，伴随着悠扬婉转的歌声，缓缓地流淌：

没有奶的鸟带上小鸟才肯飞走呢

有奶的你为啥要抛弃你的亲生骨肉？

你怎么能这么狠心？

如果我也把你抛到荒郊野外

让你也没有主人，这样才是你想要的结果？

渐渐地，母骆驼变得安静。它的眼里蓄满了泪水，随之，晶莹的泪珠大颗大颗地滴落下来。于是，小骆驼靠近妈妈，吮吸到了洁白的乳汁，得以存活下来。

其实这样的场景，在我们内蒙古也不是孤本。每到接羔季节，每当骆驼妈妈或者羊妈妈经历了孕育和生产的痛苦，拒绝给初生的幼崽哺乳时，牧人们便会唱起深情如诉的《劝驼歌》或者《劝羊歌》。

在歌声的感染下，母骆驼和母羊往往会流下泪水。是低沉的琴声太凄凉，让它们也心生戚戚焉？是忧郁的歌声太感人，足以让无法言语的生命焕发出心底的舐犊深情吗？

我一直相信万物有灵，万物有魂。上天庇佑着的生命在互相的交融中、在彼此的惜护下，一脉相连，休戚与共。天地感应，天人合一，中国这些最古老的哲学思想，一定也发端于这苍穹之下、厚土之上的五行相生、自然和谐的状态。

草原的辽阔与舒展，牧民的宽悯与善良，还有天高地迥、厚德载物的博大情怀，更有这千百年来战胜一切灾难与困厄的生生不息的力量，都融汇在我的身体中，亦成为我骨骼中最强韧的一部分。

曾经，我盼望自己有一天能走出草原，奔向城市，奔向更遥远的地方。多年后，当我真的离开一望无际的草原，投身现代繁华的大都市，投身更火热的生活时，我却始终无法忘记它，无法放下草原的呼唤，以至于我30年来始终在从事与草原相关的事业——羊绒产业。

我相信，扎根于一个人内心的东西，无论过去了多少年，无论我行走于世界的哪个角落，都如一棵参天大树一般，给予我坚定不移的希望。在我步履维艰的30年跋涉中，在我"九死一生"的创业过程里，这种锲而不舍的力量始终如磐石一般支撑着我。

即便多年后我远离家乡，仍会时时回望记忆里草长莺飞、牛羊成群的牧场，还有生活在那块土地上的人们。它给予了一个游子最初的热爱、最深的眷恋和最梦牵魂绕的思念。年轻时曾拼命想离开的土地，随着年龄的增长，却成为我心灵的栖息地。于是，当我成为宣传内蒙古的"大使"，站在巴黎时尚舞台上的时候，我便情不自禁地想要告诉全世界羊绒故里的神奇与魅力。

"草原"是沙涓这个品牌创立的发心之一。沙涓始于自然，归于自然，无论是其独一无二的高品质羊绒来源，还是那些天马行空的设计思想，抑或是传承与创新的拓延，都有草原的气息与烙印。那是一份最难忘的记忆，植根于品牌的匠心独运和卓尔不凡之中。

我的作家朋友曾说，沙涓拥有内蒙古草原的魂魄和气象，不仅蕴藉着自己民族古老而悠久的历史与文化，而且汇集了这个世界的多姿多彩，在交相辉映、参差错落中体现出了美学上的终极意义。

冥冥之中，我早已将"道法自然，天人合一"的理念，融入了沙涓的制造原则中，融入了现代时尚的设计里，进而呈现给全球的用户。我希望打造一个印记鲜明的中国品牌，传承家乡的技艺和文化——中国品牌需要靠足以比肩国际的实力、靠博大精深的内涵，走到世界性的新高度。而我，也正向着这一目标不断迈进。

一是一，二是二，没有迂回曲折，没有虚与委蛇，这是我做人做事的方式，也是我在商场上与人打交道的思维模式。

在我看来，"真诚"是通向一切的道路，它不仅节约了沟通的成本，也是信任的基石。

求学生涯于我的意义，不仅在于读书改变了我的命运，更在于我从中得到的人生体验，来自我的父亲与恩师的教诲，奠定了我一生的人生态度：不做向命运缴械投降的人，不在意别人所说的机会与背景，相信机会就掌握在自己手里，路就在自己脚下。

02
读书,唯一的出路

成年后，随着人生阅历的不断丰富，我曾信奉的一些东西被颠覆与重塑，但有一条至理我始终深信不疑，那就是"读书改变命运"。尤其对于一个出身农家的孩子来说，"读书"是她走出山村，登高望远的唯一途径。

我要读书

我在母慈父严、兄友弟恭的家庭环境中长大，父亲对哥哥姐姐们的要求非常严苛，以至于他们每个人都不敢在父亲面前太失礼。而我是那个特例，自由地在大人中间穿梭，也备受哥哥姐姐的呵护，唯独在学习这件事情上不敢造次。因为我知道，如果我对待学习的态度有任何不端，就要乖乖地伸出手，接受父亲的训诫。尺子打在手心，是结结实实钻心的疼痛！

这种"切肤之痛"是哥哥姐姐告诉我的。二哥调皮捣蛋，不知道受过父亲多少的训诫，但我从来没有遭受这样的皮肉之苦。不仅仅是因为父亲的偏袒，更重要的是我将父亲视为"神祇"——小时候的我无比崇拜父亲的知识，有时趴在他肩膀上看他手中的报纸，好奇他的手指在沉思的时候还在动。原来，父亲是在空中默写那些横平竖直的汉字。而这个相袭的习惯，直至现在我还保留着。

02 读书，唯一的出路

在那个物质特别贫瘠甚至会遭遇饥馑的年代，最能给我带来精神上的欢欣盛宴的，就是读书——和父亲一样。上小学时，新学期老师发课本总是我最开心的时候。那仿佛还带着油墨芬芳的文章，我总是在老师没讲到时就迫不及待、囫囵吞枣地通读完了。

当课本的知识已经远远不能满足我的需求时，我喜欢找来任何有字的报纸或书籍阅读。当我深深沉浸在那些曲折动人的中外故事、趣味横生的巧思妙想、先贤哲人的智慧之中，便觉得自己富比王侯，坐拥天下。

我家的读书氛围很浓厚，每个人都把读书当作一件快事，包括文化水平并不高的母亲。她包揽所有的家务，最开心的就是看到我们姐弟几个安安静静坐在那里读书的样子。大哥当时有一大铁皮箱子的书，那个箱子很高，能把我装进去。我放学回来，经常打开大哥的铁皮箱子，无论是什么内容的书，无论能否读懂，我都先过一遍。包括高等数学书中稀奇古怪的符号和高深莫测的公式，即便看不懂，我也要细品一遍才肯罢休。

当时，我们的乡镇定期有集市，被称作"交流会"。每到赶集时，众多的货品令人目不暇接。父母经常会犒劳孩子们，给几毛钱"巨资"让我们买零食吃。小孩子总是贪嘴的，我也不例外，但我经常能克制住对美食的欲望，第一时间将零花钱全都用来买一网兜的"小人书"。那些"小人书"里的世界丰富至极，有大闹天宫的《猴王》，有充满刀光剑影的《三国演义》，有叛逆十足的《哪吒闹海》，有一门忠烈的《杨门女将》……我陶醉其中，仿佛不闻街市人声鼎沸，也感受不到身外的热闹景象了。小时候培养起来的读书专注力延续至我成年之后，无论是颠簸在海上，还是疾驰在高速公路上，抑或翱翔在云端，我只要捧起书本，就能快速进入那种"旁若无人"的境地，读得津津有味。

童年时，除了去乡村集市，我偶尔也能跟着父亲花一天时间去一趟县城。但县城里最让我流连忘返的不是商场，不是公园，而是书店。20世纪80年代的县城书店，和现在上海、北京动辄几层楼的书店根本无法相提并论，所卖书籍也很有限，但在我看来，已经堪称宝藏了。

站在书店高大的书架前，我身体里的每个细胞都雀跃起来。恍惚间，仿佛看到每个大师都在向我招手，每个童话故事里的人物都在向我走来。在书海里泛舟，我沐浴到了"诸子百家"的睿智之光，感受到了唐诗宋词里的千古幽思；我在沈从文的《边城》里遥想湘西之美，在安徒生的《海的女儿》中体会小人鱼仿佛行走于刀刃上的痛楚……我强烈的感悟在书里得到了升华，这让我似乎比同龄人更早地感悟到了人间的疾苦和世界的丰赡。

当时的我，真想把每本书都搬回家去。但因为经济上的窘迫，每次去书店，父亲也只能给我买一本被称作"闲书"的课外书，不过，这已经让我感觉很满足了。

回家的乡间路，曲折而漫长，我抱着书坐在父亲的自行车后座上，阳光和煦，轻风拂面，那一刻的我好像成了这个世上最富有的公主，父亲偶尔回头看看我，叮嘱一句：小心啊……

天上的父亲，您好吗？

我写作这本书的时候，父亲离开我们已经整整12年了，我常常不敢去想他。

最痛的思念，是不敢碰触的。我能拥有今天的一切，很大程度上源于父亲的躬身垂范。

父亲高小①毕业，在我们那个偏僻落后的村庄里，他当时是文化水平最高的"学者"。那个年代，能读到高小实属不易，父亲的国学底子颇为深厚，文言文水平也许超过现在的一些大学生。他的睿智豁达，是村里人敬重他的情由。

在特殊的历史时期，渺小的个体，只能随着命运的洪流而跌宕。曾进入工厂的父亲，又因炼钢厂的解散，最终回乡务农。

父亲研究村中的唯一机械——手扶拖拉机，通过自学，掌握了手扶拖拉机大修技术，最终成为技术过硬的技术员，这也是我们这个家庭得以改变命运的最大原因。父亲是一个天生对机械有悟性的人，属于不折不扣的技术派。后来哥哥大学专业选择机械制造，我这个文科生最后的工作与纺织自动化相关，也与机器结下不解之缘，真得感谢父亲的影响与传承——当年在父亲身边看着他一身油污、认真捣鼓柴油机的样子，我就知道了，所有的知识都是没有边界的，虔诚地对待手中的每一件事，就能最终掌握它。

回乡务农后，父亲以天地为书，以牧场为书，耕种与养护着一家人的希望。在他的亲授下，我完成了繁体字的启蒙教育。直到现在，我还能畅通无阻地阅读繁体中文。在那些方方正正、蕴意深广的繁体字里，我第一次感受到了中国传统文化的巨大魅力。

---

① "高小"相当于现在的小学毕业。在过去，小学一年级至四年级称为初小，五年级和六年级称为高小。虽然高小属于小学文化程度，但在旧时的教育环境下，除却数理化不及如今的初中生，文言文水平远高于现在的初中生甚至高中生水平。

父亲无法走出村庄去看外面的世界，但他却努力地为自己的孩子们搭建起通往大千世界的天梯。二十世纪七八十年代，在遥远的边塞，囿于经济和观念的双重原因，能上学已是一种奢侈。我的父母倾其所有，供我们四个孩子读书，以至于家里的农活全部压在他们身上。

六七月是农忙季节，读书的孩子放暑假第二天就从学校回到家里，放下书本，帮父母照料牲畜、打理草场和农田。我小学毕业那年13岁，也不例外，力所能及地帮助父母，减轻超负荷的劳作负担。我记得深夜才从田里披星戴月回家的父亲，他的疲惫写在了脸上；母亲里里外外忙碌，累得腰已经直不起来……他们平凡如蚁，却负重如山，支撑着一家六口的生活成本和教育等开销。

作为一家之长，父亲经常谆谆告诫我们，要以知识武装头脑，去改变命运、成就自我。当时很多农村孩子念完小学或初中就辍学了，因此从村庄里走出去的大学生很少，尤其是女孩子，大多数高中尚未读完就嫁人了。要想走出落后闭塞的村庄，只能通过读书。

在父亲的全力支持下，我们兄妹四人都接受了完整的从小学到中学的教育，直至完成大学学业。我的大哥作为村里第一名大学生，考取了内蒙古工业大学。多少年过去了，我至今还记得那个激动人心的场景。在接到录取通知书的当天，大哥从田垄间奔跑着回来，远远的就兴奋地向我们呼喊："我考上大学了！"

中国古老的教育箴言中有"父母之爱子，则为之计深远"一说，我的父亲正是如此。因为他的开明与远见，我们没有成为被狭隘和偏见困扰的人，也没有成为向命运缴械投降的人。

他的通达和卓识即使在我成年之后也一直指引着我，脱胎于他的思想，我逐渐成为一个行稳致远的人，并带着他未完成的理想去探索那个更辽阔的世界。甚至在我年逾不惑之后，我依然在很多大事上询问父亲的意见。我笃信，看上去话少的父亲，一定会给我指出人生至关重要的方向。

2012年，在我准备启程去南极的时候，父亲查出了癌症晚期。仅仅半年后，他就离开了我，这成为我心中经久难愈的伤。

> 父兮生我，母兮鞠我。
> 拊我畜我，长我育我，
> 顾我复我，出入腹我。
> 欲报之德。昊天罔极！

《诗经》里的话写出了无数儿女的心声：当父母春秋鼎盛时，我们尚无能力回报；当我们有能力报答亲恩的时候，却被上天收回了这份权利，这也许就是为人子女者最大的遗憾和心痛吧。

但我多么希望，能重新在他的自行车后座上坐一回，重新被他温暖的手掌罩住我的手，感受他于静默中传递给我的力量。2022年因为新冠疫情，我遭遇了人生的至暗时刻。离开我们10年的父亲，是我最为想念的，我特别想问问他，我该怎么办。我知道，冥冥之中，父亲会让我坚强地站起来，就像小时候摔倒时，他一次次鼓励我重新爬起一样。

此后，无数次行走于黑暗之中的时候，无数次经历失败的时候，我都能感觉到父亲在天上为我祈祷。而当我一次次突破困境、劫后余生，甚至见证那些荣光的时刻，我也会告诉父亲，让他欣慰于女儿的不断成长。

父亲，天堂的您，还好吗？

玉壶存冰心

在童年清寒的时光中，上学永远是让我感觉最快乐的。每天早晨，太阳还未升起，我们几个女孩就结伴上学了。

上学路旁有一片杨树林，排排枝干笔直挺立，像极了守卫边陲的哨兵。每当有人经过，林间的小鸟就会扑棱着翅膀跃上枝头，或者飞向远处。到了冬天，大雪纷飞，银装素裹的村庄仿佛变成了童话中的城堡。

雪后初霁，我们踩着没膝的积雪去上学。脚踩在洁白得耀眼的雪堆里，会发出"吱吱咯咯"的清脆悦耳之音。虽然外面冰天雪地，但教室里有个烧得很旺的小火炉，我们便能感觉到肃杀的冬日里那抹融融的春意。

但真正让我感觉到春天一般温暖的，是我的小学班主任王玉英老师。王老师是东山小学唯一的语文老师，负责所有年级的语文课。我们班里的20多个同学，分布在学校周围的各个村落。我的求学生涯，就是从偏远的内蒙古农牧区里只有两排校舍的小学开始的，就是在王老师的引导下开启的。

王老师当时是一名民办教师。民办教师是在中国特定历史条件下形成的，作为中小学教师队伍重要的组成部分，虽然是农村普及九年制义务教育的一支重要力量，但因为不纳入国家正式编制，所以不能享受公办教师的薪酬和待遇。

那些年，王老师一边管着家里的农活儿，一边来给我们上课，但他从来没有因为家事而影响教学和对班级的管理。他经常赶在上课前去农田里干活，天刚放亮时，他已经准时来到了班级。有时，我还能看到他额上细密的汗珠在晨光中微微闪亮。放学后，他还会继续去田里劳作。"带月荷锄归"成为王老师的写照。

生之艰难，在他身上，体现得格外沉重，但我从来没有在王老师的脸上看到过命运的阴霾。恩师那种天然的、朴实的、如野草一般强劲的生命力和来自骨子里的从容与乐观，成为经年之后，一直影响着我的精神动力。

每每忆及当年，我都会想起他在为我们示范朗读时，语音抑扬顿挫、感情饱满激昂的场景。在朗读中，他会偶尔用眼角的余光扫视一周，溜号被发现的同学便会立刻收敛游荡的神思，重新肃然端坐。

对每个学生，他都如呵护幼苗一般爱护，尤其对我，更多一份重视。

那一年，我小学毕业考初中，目标是达拉特旗第一中学——整个县城最好的中学，也是当地农牧区的孩子最向往的学校。每个乡每年只有2～3个孩子考入，百里挑一都不止。我所在的小学还从没有学生考上过。王老师一直鼓励我：你就应该成为那个零的突破者！

但到了考试那天，因为身体原因，我发挥失常。面对我的落榜，王老师为我备感惋惜之余，一次次不甘心地去跑招生办。他这一辈子始终保持着知识分子的风骨，似乎从来没有因为自己的私事而请托于人，但为了学生，他不惜奔波，只为给我争取一次可以参加县中学开学复考的机会。

他希望这个偏僻乡村中的女孩可以用知识改变命运，可以托起自己的梦想，可以去看看外面更美好的世界。老师坚定地相信我可以！最终，我以复考第一名的成绩，成为进入县中学读书的本乡三个孩子之一。

命运的链条环环相扣，而这，也成为改变我整个人生的开端。

后来我考上大学，毕业后在工作中成为行业翘楚，去欧洲进一步深造。拾级而上的台阶，大多源自王老师在低矮的王爱召乡东山小学谆谆教诲的那个起点。

当我孤身一人在德国实验室里挑灯夜战时，当我在遥远的南极面对壮美的冰川振臂欢呼时，当我自主研发的顶级羊绒品牌走上世界舞台时，我都会感慨，那个曾经名落孙山的小姑娘，终于有一天能自由地选择她要走的路、要欣赏的风景、要达成的目标，而当初，如果没有那个曾奋力托举她的人，没有他曾给予的殷殷嘱望，那个一度迷途的她不知道会走多少弯路，她是否会因为错失宝贵的求学机会而堕入无尽的深渊？

我相信，在我们的生命中，总会有一些左右乾坤的转折点，决定人生的走向。

前些年，我只要回故乡，就会尽量抽出时间去老师家里坐坐。有一次从上海回内蒙古，落地后有很多事情缠身，结束时已经晚上8点了。但我还是执意让同学开车带我回王爱召乡去拜望老师。车子还未开进村，我就远远地看到车灯照耀的远处有一个模糊的人影正站在村头眺望。人影越来越近时，我认出，那就是王老师！他怕乡村变化后我找不到他家，所以特意早早就站在村口等候。

8年前的一天，作为旗里经济工作的顾问，我回到家乡，旗里设宴招待我们一行。大家问我还想见谁，我说：我想见我的小学恩师王玉英老师。旗里派人将王老师接过来。他见到我时，开心得像个孩子，如同我当年拿着录取通知书奔向他的那个瞬间。但让我没想到的是，那一次见面却成为我们的最后一面。半年后的一个深夜，我在上海的家里接到王老师女儿的电话，她在电话里告诉我老师因车祸离世的噩耗。放下电话后，我失声恸哭。

世事无常，兴尽悲来，也许这就是生命的遗憾："在未可预知的重逢里，我们以为总会重逢，总会有缘再会，却从没想过每一次挥手道别，都可能是诀别，每一声叹息，都可能是人间最后的一声叹息。"

第二天，我取消了所有行程，坐最早的航班回到了内蒙古。40年前，他目送我离开，让我张开翅膀，飞向更远的天空；40年后，我却只能送他最后一程。老师，蓬山有路，我们却后会无期。

我常想，在我们这个时代，总是有一些人，他们平凡得如同路基中的一枚枚石子，但正是由于他们的存在，才让一座座希望与奇迹的大厦拔地而起。

而我的老师，虽然只是一个普普通通的乡村民办教师，一如中国千千万万扎根于农村教育的普通教师，没有高级职称，没有优厚的待遇，却点亮了无数穷乡僻壤的孩子的梦想。

因此，我相信，有些人的离开，是以另外一种方式获得了永生。

内心盛满探索世界的愿景

因为热爱大自然，我特别喜欢看日出日落。当太阳在地平线上升起和落下的时候，它所散发的光芒——无论是灿烂的，还是沉静的，

王爱召乡的小树与落日

都会给我带来很多启发。

高中时代，我每天都会晨跑到学校后面的山上去看日出，背单词，写日记，与自我、与世界对话。这个习惯保持了多年。在岁月的轮转之中，对未来的憧憬成为我的生命之曜。

当年，中国的高考是千军万马过独木桥，我更是经历了千辛万苦才考上大学，尤其是我身在内蒙古教育资源匮乏的边远县城里。

1989年，我被伊克昭盟②教育学院录取。其实我当年的分数已经超过了内蒙古财经大学的录取分数线，只是因为没有老师指导我对志愿做出正确的选择，结果与其失之交臂。所以，当时的学校与专业都绝非我最满意的，我甚至一度萌生了复读的想法。母亲说："父母培养孩子的终极目标就是让你们上大学，将来有个好前途，不再过面朝黄土背朝天的苦日子。无论大学好坏，都意味着你以后会有城市户口，会有一份国家包分配的正式工作，属于'干部'身份。如果复读，万一明年落榜了怎么办？"

母亲的忧虑不无道理。确实，我们身边就有不少人考了几年都无法进入大学，也有人因为"好高骛远"而选择复读，结果再三失利。1989年，我高中整个班级的大学录取率只有12%，很多同学名落孙山。更何况对于一个来自农牧区的孩子而言，出身就决定了我几乎没有容错率，除了接受命运阴差阳错的安排，似乎别无选择。

但能成为那个年代的"天之骄子"，我感觉已足够幸运，因此对别人所说的"机会"与"背景"并不在意。我相信"机会"就掌握在自己的手里，"路"就在自己的脚下。我尝试悦纳生命中的一切馈

---

② 伊克昭盟：2001年2月26日撤销，设立地级鄂尔多斯市。

赠：接受普通的大学，接受心中澎湃的潮水受制于一隅的困囿。

当年我学的是政治与哲学专业，尽管专业内容在别人看来非常枯燥，却让我拥有了看问题的全新视角与思维方式，让我更能廓清迷雾、直抵问题的核心；让我摒弃肤浅的表象，深究事物的本质。著名企业家冯仑曾在接受采访时说过："如果一个人喜欢历史和哲学，心就会变得强大无比。因为历史讲永恒，时间上的永恒；而哲学讲无限，范围的无限。有了永恒和无限，别人无奈时，你就会释然；别人恐慌时，你就会勇敢；别人无知时，你就会清醒。"因此，当年并不喜欢的专业，也在很大程度上帮助我打开了人生的另一扇窗。

诸葛亮在南阳"聊寄傲于琴书兮，以待天时"，我虽无卧龙先生的旷世际遇，但在心平气和地接受眼下处境的同时，我也找到了专业之外的精神寄托——那就是在满目的晦暗中，进一步发掘了语言学习的乐趣。

我上高中时，英语就是我的强项。大哥是村里凤毛麟角的大学生，他给我买了一个卡式录音机，可以放英语课本配套的磁带。这是当时许多学生梦寐以求的东西，弥足珍贵。我的听力和发音就是完全靠这些课文录音带，通过反反复复的收听和训练，有效矫正、逐渐培养起来的。后来在英国的华威商学院用英语为硕士生授课时，我开场就告诉大家：我的英语来自县城，是自学的，大家多多担待！

到了大学，对英语的挑战也成了我消弭迷惘与困顿，不断充实自己的源泉。

因为对本专业不是很感兴趣，我选修了英语。对于一个盟市级高校的大学生来讲，这似乎是一个"超乎常规"的选择。那时我学校的英语专业连老师都无法配备齐全，也没有学生选这门课。我每周一次的英语选修课，就是一个人对着高高悬挂在墙上的电视机看《走遍美国》的录像。但在学习的过程中，我不仅了解到了大洋彼岸的那个国家的历史渊源、名胜古迹、风土人情，更重要的是，它让我的英语水平得到了极大提高。

我曾将《走遍美国》的录像带翻看了无数遍，直至后来将里面的内容倒背如流。我想通过"英语"这个工具，有一天可以去看看地球另一端的人在做什么，南极和北极有着怎样恢宏壮丽的景象。

毕业后，我进了工厂。三班倒的工作节奏让我晨昏颠倒、苦不堪言，但我还是报了自学考试的课程——英语和计算机。那时我的目的不是学历的进阶，而是想藉此填补自己的空白。我想让持续学习成为一种优秀的习惯，我试图用这样的方式，避免自己成为埋没于生活琐事的人，避免自己成为丧失了精神追求的人。

英语学习尤其艰苦，在工作之余提升自我绝非易事。你是否可以在呵气成冰的冬天、在下了大夜班的凌晨，回到宿舍里坚持读书学习，不被阵阵袭来的困意打倒？你是否能在连精读课本都无法买到的情况下，仍然利用手中有限的资源，潜思深研？你是否能在身边得过且过的群体下沉中，仍然保持每天勤学不辍的状态，不因宿舍中女工们的嘈杂声分散注意力？

那时，我用手头一切能够找得到的资料来自学，在东胜这样的小城中，很难找到英语相关的进阶书籍。于是，我曾花4个小时的时间坐在颠簸的车上，只为了到呼和浩特的外文书店去买一本珍贵的英语精读课本。只有在晚上12点家人看完电视后，我才能打开电视录像机，安静地开始用英语录像带学习。

"英语"让我的梦想一直拓展和延伸，也让我踏足了世界上的很多地方。除了英语，我对其他各类知识同样渴求。我成了一个"杂食动物"，如饥似渴地学习任何有养分的知识，以填满底层工人的贫瘠时光。

在进入工厂成为一线女工后，作为文科生的我还通过函授大学，自学了计算机专业。这又是一个巨大的挑战，我需要从最基础的代码开始学起。彼时，编程尚停留在DOS语言阶段，这是一种非常古老的代码语言，鲜有人触及，我却把学习这些看上去将来根本派不上用场的知识，当作打发庸常时光的爱好。三年后，计算机专业考试被我生生啃了下来。其实这对当时做工人的我而言没有任何用处，因为绝大多数人没有见过计算机是什么样的，但是，它却为我后来取得纺织自动化编程领域的成绩奠定了坚实的基础。

一个并非源自实用主义的决定，一种看似傻傻投入的坚持，却为我打开了人生的格局。不分领域地学习，是至今仍让我受益无穷的爱好。我现在也会研究谷歌算法，研究跨境独立网站的运营方式。在我看来，持续不断地精进，构筑多元化的知识结构，是改变一个人的有效方法。

所以，当你内心盛满探索世界的愿景时，没有什么可以阻碍你，包括你出生的环境，以及所谓"有限的资源"。实际上，在这探索世界的过程中，我对人生要走的路途也越来越清晰：我要成为什么样的人，我最终要登临什么样的山峰。

我深刻意识到，没有这些突破自我的坚持，就不会有我未来职业生涯中冲出重围、走向更广博世界的结果。成长路上的每一次山重水复，都无疑是对惰性与平庸的超越，对痛苦与困境的超越。

其实，学哲学也好，学英语、计算机也罢，包括学习人生的任何一门功课，我们找到的，都不仅仅是大道畅行的"方法论"，还有"不畏浮云遮望眼，自缘身在最高层"的豁然开朗。

不分领域地持续学习是一种优秀的习惯。

当你内心盛满探索世界的愿景时，没有什么可以阻碍你，包括你出生的环境，以及所谓"有限的资源"。相反，在这个过程中，对自己要成为什么样的人，最终要登临什么样的山峰，你会越来越清晰。

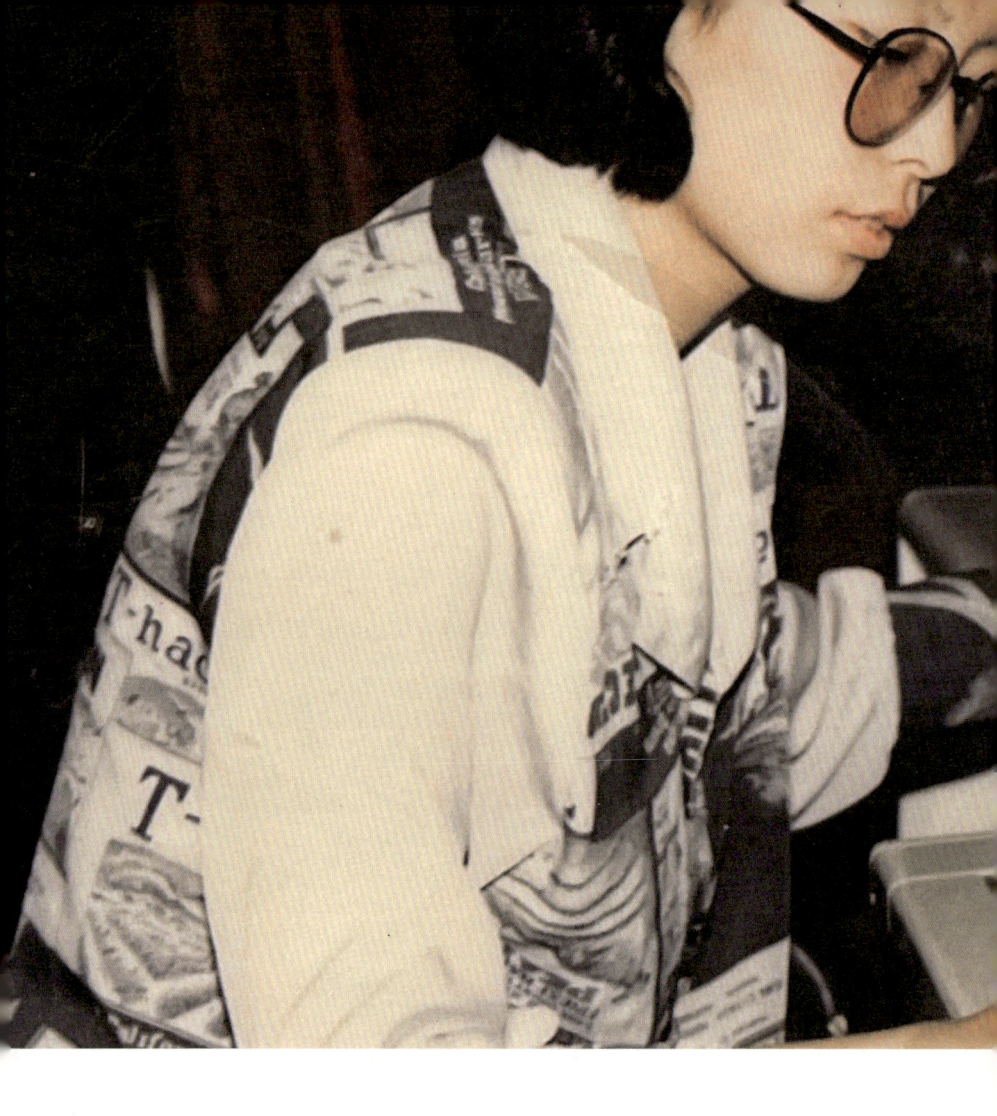

我拿着那个年代堪称"稀有"的大学毕业证，以国家干部的身份成为鄂尔多斯羊绒厂的一名一线女工。面对轰鸣的巨大机器时的手足无措，攻克技术难关时的胜利喜悦，冬季凌晨下夜班时的砭骨寒风，成了我初入职场时的记忆底色。

03
文科生成了技术专家

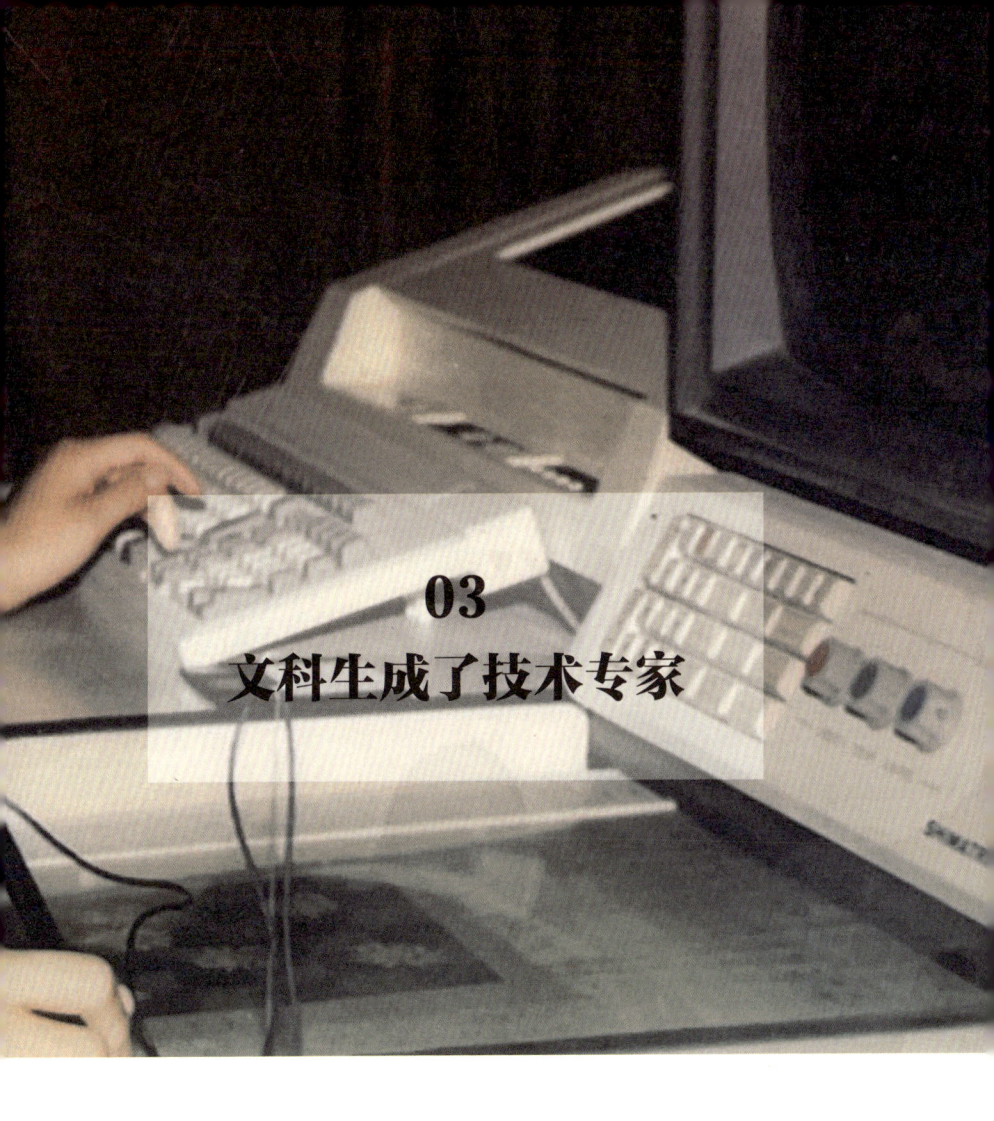

和现在许多怀抱梦想的年轻人一样,当年的我也经历过迷茫和幻灭。在那个"比关系、比物质"的环境里,我曾经也质疑过自己奋发图强的意义,看不到未来的路。

我最终得到的感悟是:其实人生没有那么多如你所愿的路,既然无路可走,那么总是有些难关,需要坚持闯过去。

静心守一：一个民族羊绒品牌的"隐形冠军"之路

　　闻名世界的伦敦威斯敏斯特教堂墓碑林中，有一座无名墓碑，墓碑上的铭文曾启迪一代又一代的到访者：撬动世界的不是别人，而是自己的内心。

　　我也一直相信，唯有内心的杠杆，才能撬动一个人的生命。

　　1991年，我大学毕业，被分配到鄂尔多斯羊绒衫厂（其前身为伊克昭盟羊绒衫厂）。此前，我在对未来的规划中根本没有任何与纺织业相关的畅想；在学生时代那些阳春白雪的锦绣蓝图里，也断然没有与针头线脑挂钩的描绘。当时的我对纺织行业一无所知，但30多年前的那个初秋，我却打开了一扇陌生而厚重的大门。从门外汉到一线产业工人，这种跨越对我而言无疑是巨大的考验。

　　一切从零开始，在人生没有其他选择的情况下，无法回避的现实就顺理成章地成了当下之选。我没有踟蹰不前，而是带着对人生新开端的无限向往、带着探索未知的万丈豪情，欢天喜地地去工厂报到了，这也开启了我的职业生涯。

　　20世纪90年代，汪国真的诗红遍大江南北，我曾在摘抄本上郑重其事地记下他的金句：没有比脚更长的路，没有比人更高的山。

　　冥冥之中，人们奉为圭臬的，往往会成为未来人生的指引。

从一线女工开始的职业生涯

20世纪90年代,中国的改革开放正在阔步向前,中国的羊绒加工业进入快速发展时期,广阔的行业前景带给刚刚走上工作岗位的我一种投身新生活的巨大热情,而彼时的鄂尔多斯羊绒衫厂就承接了我的满怀憧憬。

"鄂尔多斯"在蒙古语中意谓"众多的宫殿",亦是成吉思汗"八白室"守陵部队的代称,同时也是我家乡那片高原地带的总称。30多年前,前身为伊克昭盟的它,经济和文化中心设在一个叫作东胜的小城,远没有现在的繁荣,但羊绒是这个盟市最为得天独厚的重要资源。

当地的羊绒工业是从1979年伊克昭盟羊绒衫厂建成开始的。从国外引进全套加工设备和技术的羊绒衫厂,在投产当年就收回了3355万元的建厂总投资。其后连续10年赚回同等规模的10个厂,被国内外羊绒界称为"中国民族工业的一次壮丽日出"。1989年,伊克昭盟羊绒衫厂更名为鄂尔多斯羊绒衫厂。鄂尔多斯羊绒衫厂的成功,带出了中国的羊绒纺织行业。1993年,鄂尔多斯羊绒衫厂更名为鄂尔多斯羊绒集团。

鄂尔多斯羊绒集团经过多年的"破冰"之行,逐渐发展为世界最大的羊绒制造商,深刻地影响了这座城市及中国羊绒企业的发展轨迹,造就了"中国绒都"的品牌名片。鄂尔多斯羊绒的广告语"温暖全世界"曾风靡整个中国乃至全世界。

但纵观当时的国际羊绒市场,我们难以回避一些历史和现实问题:20世纪60年代以前,当中国人还在为解决吃饭穿衣问题而奔忙,把羊绒以羊毛的低廉价格出口国外的时候,英国道森公司已经把中国的羊绒加工成羊绒衫,并在世界市场叱咤风云150多年了。进入90年代,意大利、德国、日本在纺织领域领跑全球,中国的羊绒行业虽然异军突起,然而在产能和品牌竞争力方面仍与国际羊绒企业存在较大差距,这种差距为我在多年后成立沙涓埋下了伏笔。我的整个职业生涯,就是在这样的成长背景下渐次展开的。

当时的东胜没有什么其他工厂,纺织业就是最重要的支柱产业,因此鄂尔多斯羊绒衫厂成为当地一枝独秀的企业。我们大学毕业时国家是包分配的,但当地没有更多的就业途径。我的专业决定了就业之路的狭窄和尴尬,"乡村教师"一职是对应的分配方向,否则就是当工人。当时,很多人最大的愿望就是有一份稳定工作,平安顺遂地度过一生,而我却苦于无法找到更多的机会去实现梦想。

能够自食其力是我毕业时最大的诉求。当时在小镇东胜,哪怕是最苦最累的一线工人岗位,也被视作谋生的最佳选择,所以当地许多女孩子都向往入职羊绒衫厂。这些女工也因此成为工厂的中坚力量。于是,我拿着在那个年代显得特别珍稀的大学毕业证,成了一名羊绒衫厂职工。

参加工作的第一天,车间主任将带我到车床边,对我说:"这是你未来的挡车工岗位,三班倒,每天8小时,循环往复。"我茫然地看着眼前的"巨无霸"机器,被深深震撼了。那个庞然大物对我来说是令人望而生畏的存在,它傲然而立,仿佛充满了挑衅:"来呀,你这毛丫头对付得了我吗?"

此前,在纺织厂,每个女工都独立操作一台手摇机器,在夜以继日的忙碌中创造价值。那是"工厂女孩"的写照,也是工厂崛起的

03　文科生成了技术专家

1992年，我参加工作第二年，正在调试机器

缩影。

但眼前这仅有的几台"巨无霸",作为进口的日本机器和新技术的代表,是整座工厂乃至全国最先进的纺织设备。它们在当时的鄂尔多斯羊绒衫厂里属于"武林至尊"级的装备,被称作"眼珠子"。

因为它们的自动化程度比手动的机器高,无须手工操作,所以比传统消耗人力的手动横机多出了许多功能,不仅能生产花型复杂的产品,而且效率高,最重要的是,这些花色的产品投放到市场上后,获得了高度认可。

说起它们万里迢迢来内蒙古"落户安家"的渊源,就不能不提当年工厂的创立。鄂尔多斯羊绒衫厂是日本三井株式会社以补偿贸易的形式帮助中国建造的,这些引自日本的机器设备在全球都是领先的,工艺技术也由日本技术员亲手传授。在整个车间1000多名职工中,我是为数不多的大学生,因为学历比较高,所以就被"重用",派遣到了这个具备先进技术和产能的岗位上。

当年10∶1的高等教育入学比例,主要是偏远地区高等教育不够发达的历史产物。尽管在当时的社会背景下,稀缺的大学毕业生似乎还没有走上工人岗位的先例,但不管怎样,我还是欣然接受了,成为档案里被标注为"国家干部"的工人。这也是我独立自主的人生的开启。

初涉职场,我就像一只应声而起的云雀,振翼而鸣,于生命的长空中盘旋。我仿佛看到远方的群山层峦叠翠,等我一跃而上。

迷茫的跋涉

也许当一切理想的画卷舒展之时，我们就可能遇到生命中的贵人，帮助我们完成专业的引领或人生的启迪。

我刚入职时就认识了我的师傅。她与我年龄相仿，却在初中毕业后就进入了工厂，当时已有5年工龄，是具备丰富基层工作经验的行家里手，于是被安排到操作进口高端设备的岗位。

我到岗后，发现此前的专业完全派不上用场，所以面对那些哪怕最基本的操作常识都茫然无措。但面对我这个笨手笨脚的"书生"，师傅总是微笑着，不急不恼。她深知，对于她而言游刃有余的操作，例如纱线断了打个接头这样简单的事，也是穷数年之功练就的，这些操作对于一个外行"小白"来说却是难上加难。我此前是一个连针线都不会用的人，又如何能在密密麻麻、穿梭往来的纱线中做到"手到擒来"？

起初，看着满满一机器花红柳绿的羊绒纱线，我真的不知道该如何入手。面对猝不及防的断线状况，我有时甚至会失声大叫。别人一秒就接好的纱线断头，我忙活了10分钟还是不得要领。

但我的同龄小师傅很有耐心，也许她并没有"纸上得来终觉浅，绝知此事要躬行"这样的哲思慧智，但她却以最朴素的观念，让新入职场的我懂得了"实践出真知"的道理。她就像一个诲人不倦的老师傅，总是不厌其烦地一遍遍教我。日常使用最多的就是"开机关机，落片计数"这些指令，这些指令看似简单，但不仅需要熟记在心，更需要掌控得当。所谓"差之毫厘，谬以千里"，适用在很多必须准确无误、严谨处理的高精尖专业领域。

静心守一：一个民族羊绒品牌的"隐形冠军"之路

在日本被称作"人间国宝"的染织家志村福美的自传书《一色一生》中，有这样一段体悟："那时我才知道，为了盛开，樱花会将生命充盈于整个树体。一年之中，樱树竭力贮存，只为花期。我在一种无知的情况下收获了樱花的生命，唯有让它在我的织物中绽放，才值得这一切。"在师傅的带领下，我小心翼翼又万分认真地操控着机器，期待成形的衣片在我的手中"破茧而出"。当有一天我终于驾驭得非常娴熟，看到那些织物被赋予一种精致和全新的生命时，我几乎要喜极而泣了。我相信人世间有很多幸福的路径，但对我而言，享受工作的快乐是极其重要的一种，因为那被我赋予了十足的诚意，被我倾注了志忑的期待。

一个人一生经历的大雪，未必都能被他人清清楚楚地看见，而那种入骨的沁凉更未必能被他人切切实实地感受到。我毕业后，也成为大型工厂中全速运转的齿轮上的一环。

最令我难忘的就是冬天凌晨下夜班，寒风砭骨，我在整个小城尚未醒来的寂阒中走回宿舍。那时，夜色浓稠，星子寥落，弥散于深邃无边的黑暗之中。这样的大夜班非常痛苦，从前一天夜里10点开始上班，一直到第二天6点。21岁的我在最困顿的那段时间，常常处于晨昏颠倒的状态，有时恍然不知今夕是何夕。

彼时，寒冷的街头很少有人，生活节奏缓慢的小城还在沉沉的睡意中，行走于黑魆魆的户外常让我胆战心惊。我偶尔会与工友结伴回去，有时候也会独自一人，呼吸着朔冬清冽的空气，听到空旷的街上回荡着我孤独的脚步声……

这就是我初入社会时最真实的写照。一个桃李年华女孩的理想枝头曾繁花满树，尽管现实的铜墙铁壁令其难以争春，但那时的我仍然对未来世界充满期待，积极努力地应对各式各样的差事。甚至原本属于我们班组长计算产量工资的任务、核算纱线损耗报表的活计，也统统给了我这个永远笑对烦琐工作的大学生。

艺痴者技必良

渐渐的，因为作息不规律、生活紊乱，我原本不足百斤的身体越发瘦弱，并引发了一系列连锁反应，最严重的时候甚至出现了幻觉。

但比这更残酷的，是一种慢慢涌上来的幻灭感像潮汐一样将我吞没。

某日，一位有些许背景的工友姐姐走过来。闲聊中，她抬起脚上新买的皮鞋，不屑地说："你们这些大学生算什么，看看我这双鞋，顶你两个月的工资了！"

我看着她，内心悲哀至极，却又不得不承认，她说的是事实！

在一个"比关系、比物质"的环境里，在一个日夜喧响、无法安放青春的车间里，我曾一度心如死灰：

"难道我奋发图强，就是为了有朝一日，在现实的博弈中，被打得落花流水吗？"

"难道我苦读十年，学了那么多东西，一辈子就做一个挡车工了吗？"

我曾引颈眺望我的远方，也一直在梦想的路上朝夕驱驰，但走着走着，我忽然感觉看不到自己的未来了。那被重重迷雾笼罩的前路，没有清晰的标牌，没有光明的方向，那时的我，成了一个歧路徘徊的迷茫者。

不久，同一批进厂、有关系有后门的伙伴陆陆续续离开了车间，或被重用，或得以高就，总之，都调到了又体面又舒适的岗位上。而我仍在原地，坐守那仿佛一眼能望到边的明天。

父亲最了解女儿的痛苦。当我偶尔回到家，聊到我的苦闷与彷徨时，父亲对我说，如果实在觉得苦，你就回农村种地吧，咱们还有些许地，还有一坡羊。

看到我的犹豫，父亲又道："总是有些难关，需要坚持才能闯过去。"

我恍然大悟：其实人生没有那么多如你所愿的路，既然无路可走，就靠自己的双脚，走出一条属于自己的路吧！作为农民的父母已倾其所有，供我们读书，而我不能允许自己未曾与命运充分交锋，便铩羽而归。

于是，我调整好状态，重返岗位。

某日，机修工友对我说："机修车间里有一本很厚的机器说明书，要不你借出来看看，也许对你这个读书人有用。"这本说明书因为是全英文的，无人能看懂，躺在那里已有几年时间了。我于是找到了尘封在机修办公室角落里从未被翻阅的英文说明书。那厚厚的大部头里，记录了机器的各种功能及工作原理。

我如获至宝。此前，我拥有的只是来自我同龄师傅的有限经验，而那部宛如圣经的"宝典"也许能将我带到一个更高的境界。我捧着足有一尺厚的英文说明书，对着眼前那台进口机器和操作软件，一行行、一页页地翻译与阅读。我如饥似渴地研究那些全然陌生的字符和代码，那是我从未涉足的领域。我这个不懂机械的文科生，开始了全新的理工科之旅，从此一发不可收拾。

03 文科生成了技术专家

这条路，一走，就是一生！

现实的冷暖被我暂时抛到了九霄云外，我仿佛进入了一座神秘的殿堂，那是纺织自动化技术的新起点，也是我探访工业奥秘的发端。我这样一个没有任何纺织技术背景的女孩子，在巨大的机器轰鸣声中，在"跌跌撞撞"里，竟翻译完了宛如天书般的机器说明书。

我记得还有一本辗转从上海买来的《纺织英文专业字典》，当时也成了我的专业"老师"。就是这样七拼八凑的知识，让我渐渐搭建起了纺织技术行业的理论框架和认知体系。这种自学的能力，直到今天都陪伴着我。

一年后，我成为全公司唯一一个既掌握专业英文术语，又可以解决生产问题的技术员。当时，在我们偌大的工厂里，尚没有拥有这样复合身份的员工。

在通晓了大量理论知识之余，我更需要实践经验的优化。我当时的师傅是熟练技工，但她能给予我的也只是皮毛而已。她教我在屏幕上输入的代码（操作指令）不过一页，我不需要记太多东西，更不需要穷根究底。那些指令我用了很短的时间就已经烂熟于心，然而，我随之开始质疑机器罗拉、转速、脉冲、压力这些机械部件的工作原理。为什么有时输入的罗拉转速代码是10，而不是11、12或者其他的数据？这个数字背后到底蕴藏着什么运行规律？为了一窥究竟，我探身趴在机器上，观察机器的运行，往往一看就是半天。而我也常常大有收获：比如密林般的细针中有一枚跳针，造成一个小小的瑕疵，原因既可能是这枚针坏了，要通过电脑系统设法找到它，也可能是这枚针碰到了设计图案中的特殊部位，设置不合理，那就必须调整一下控制系统的指令。而这枚针的动作情况，我必须在机器上清楚看到。

静心守一：一个民族羊绒品牌的"隐形冠军"之路

一个机床有1000枚针，它们以0.1秒的起落速度高效运转，前前后后，起起落落，如果不是特别认真地观察，你根本看不出它们行动的规律。一排针瞬间起落，常人怎样可以看到其中一枚？！而我盯着机器，一动不动，一盯几个小时，会清清楚楚看到千分之一的织针起落动作，非常精准地对症下药，问题也就随之迎刃而解了！

这体现了我性格中最重要的一种特质：认准一件事情死磕到底。我也发现：没有解决不了的问题，只是看功夫有没有下足。这样的"执拗"也是我快乐的源泉。每次下班回家，因为解决了某个难题，我走起路来都雀跃不已。所以在厂区的水泥路上，经常有人看到一个步履欢快的女孩，自得其乐地沉浸在"胜利"的喜悦之中。

享受学习的乐趣，攻克工作上的难关，成为我在无比喧嚣的厂房中最大的精神寄托。即便在怀孕生了女儿后，在初为人母的忙乱不堪中，我也会在将孩子哄睡后继续钻研。北方的深夜，室内冰凉刺骨，我却在挑灯攻读。

作为一个文科生，我看不懂复杂高深的电脑编程，但我也依靠自学，将它们一点点"拿"了下来。我的基础就是在不断学习、实践和改进中得以夯实的，我的能力也在随之悄然蜕变。

那时，我的技术水平已经颠覆了工厂原有的模式。周围的工人遇到问题时，我输入几个参数代码就可以解决。我有一本笔记本，里面密密麻麻地记录着每天遇到的问题，只要有机会，我就请教任何一个可以指导我的人。

这样寻根问底地对待技术问题，是突破和提升的最好途径。在内蒙古信息闭塞、人才匮乏的年代，我靠"自我漫灌"和取"他山之石"获得了巨大的成长。后来，我终于不用三班倒了，我被抽调到技术部做该设备的编程技术员，可以全面地指导车间的生产，厂里的生产效率也因此迅速提高。

有一次，我作为工厂技术人才，和部门领导去北京参加全国纺织系统的大会。让我没想到的是，当时很多知名的羊绒同行包括鹿王、雪莲的技术研发人员，都纷纷围过来，向我请教技术上的难题。事后我才得知，斯托尔公司的技术团队在行业内疯传：内蒙古鄂尔多斯偏远小镇上有一个姑娘很厉害！

但此前的我对此浑然不觉。我在自己的世界里和自己较劲儿，和陌生的行业较劲儿，和这个缺乏信息和机会的地方较劲儿。我无法改变自己的出身与环境：有限的资源，无法看到未来的职业，一切都是最差的安排。梦想无处安放，痛苦埋在心里。但又如何！我有工作这样的支点，用以"撬动"世界。因此，我不再无病呻吟、怨天尤人，而是踏踏实实安下心来，开始构建属于自己的人生。

路是自己的双脚走出来的，在荒漠中向前的力量来自内心的呼唤。

我笃信"艺痴者技必良"，要与人生的局促和黯淡抗衡，要与命运的荒唐与莫测抗衡，就要在这方寸之间提升生命的重量，而生命的重量，仰赖我们自己手中能拥有的，谁也无法剥夺的、最具价值的东西。它最终带来的，不仅仅是对困境的突破，更是让你获得尊严与勇气。

当年苏轼被贬到黄州时，曾写下一首《定风波》，其中"回首向来萧瑟处，归去，也无风雨也无晴"，表达了苏学士于逆境之中的旷达与豪迈。但对我而言,回首职业生涯的起锚处与途经地,有"江间波浪兼天涌"的动荡,也有"潮平两岸阔"的宁静;有面对现实的挫败与不甘,也有创造的喜悦与幸福。但无论怎样,我从那里,开始了扬帆远航。

要与人生的局促和黯淡抗衡,要与命运的荒唐与莫测抗衡,就要在这方寸之间提升生命的重量,而生命的重量,仰赖我们自己手中能拥有的,谁也无法剥夺的、最具价值的东西。

---

03 文科生成了技术专家

大家最怕遇到郭秀玲！

从大学毕业进厂到成为一线的技术骨干，我用了几年时间。

那时，我每天骑着自行车去上班，穿过大半个镇子，一路上可以看到所有的核心区域：商场、医院、饭店等，都在途中尽收眼底。年轻的我给人的印象就是穿着一双球鞋、青春洋溢、蹦蹦跳跳穿梭于家与厂区之间，看上去单纯而快乐。

当时，我所在的羊绒衫厂为了更新日本自动化编织横机，1995年从德国购进新设备。我们工厂也是当时引进德国设备数量最多的中国工厂。那个时候，斯托尔公司派出技师到世界各地进行技术指导，他们服务细致周到，尽可能地把使用技术传授给全球用户。精良的机器设备加上优质的服务，使得斯托尔公司初进中国市场就赢得了极佳的口碑。

作为厂里的技术人员，我也经常有机会与驻厂的德国专家切磋探讨。在与德国工程师沟通的过程中，他们颇为耐心地教我；同时，他们也从我身上学到了很多实操技巧，并获得了生活方面的诸多关照。

对于来到内蒙古的德国技术人员来说，不仅行程远，地方偏僻也给他们带来了很多不便。有时，他们甚至为吃不上一块面包而发愁。我就是那个最大限度地帮助他们解决这些生活困难的伙伴，并因此与他们结成了很好的朋友。后来我赴德工作，当年合作过的外籍技术员也都给予了我不少照顾。

但在当时很多深入的交流中，我的一些"刁钻"问题，是德国技术专家最头疼且无法解答的。之后，我才从德国技术人员口中得知：大家最怕遇到郭秀玲！因为那时我的问题越来越难，越来越无人能应对。最后，我们决定联手解决问题，经常探讨到东方既白。安宁小镇上的人们早已进入梦乡，我们却在通宵达旦的奋战中迎来了清晨的第一缕曙光。

现在仍然任斯托尔公司总部全球技术专家的瓦格纳（Wagner），就是当初与我联手攻关的技术人员之一。他认真执着的工作作风也是我学习的榜样，我后来这种德式"方脑袋"的思维与此不无关系。那时的我们经常死揪着一个问题不放，整夜编程与试验。在无数的失败后，最终呈现出可观的成果。2011年，瓦格纳带全家来华旅行，相识相知15年的我们，依然感慨当年在内蒙古对技术的狂热追求。

那几年，我不断研究新的技术，包括新针法、新花型，尤其尝试了很多新功能，这是新技术给我带来的兴奋点。当时，我采用自创的手工代码方式，用"无缝"技术做出了一件迷你实验品。人们最初用"天衣无缝"来指神仙穿的衣服没有衣缝，事实上，只要是衣裳，开片和缝纫总是绕不过的。因此，"无缝"的原始意义只停留于想象与传说，我却将其变为现实！随后，我拿着这件尚处于雏形的"无缝"衣服去请教德国专家，他们对此无比震撼：因为这种"无缝技术"，他们还在概念形成阶段，而我已经靠自己的摸索做出来了。

针织"无缝技术"妙在何处呢？用一根线，一次性即可织完整件衣服。衣服整体编织出来后，无须裁剪，无须拼接，无须缝合，买家可以直接穿走，因此被称作"织可穿无缝技术"。更重要的是，这种织法非常贴合人体曲线，省去了裁剪造成的材料浪费和人力成本。因此，该技术不仅做到了"天衣无缝"，还使服饰的修身度、服用性能和美感度大大提升了。

03 文科生成了技术专家

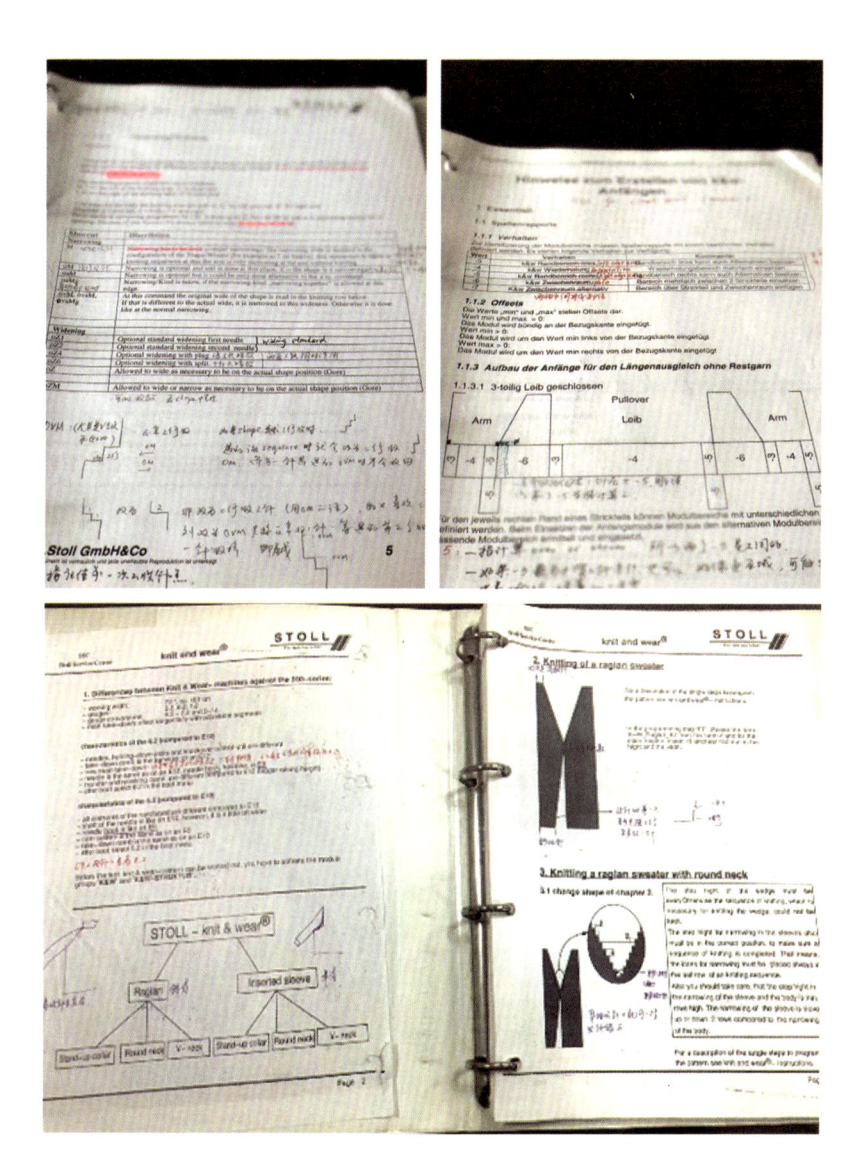

当时的STOLL机器说明书上,我做了密密麻麻的笔记

静心守一：一个民族羊绒品牌的"隐形冠军"之路

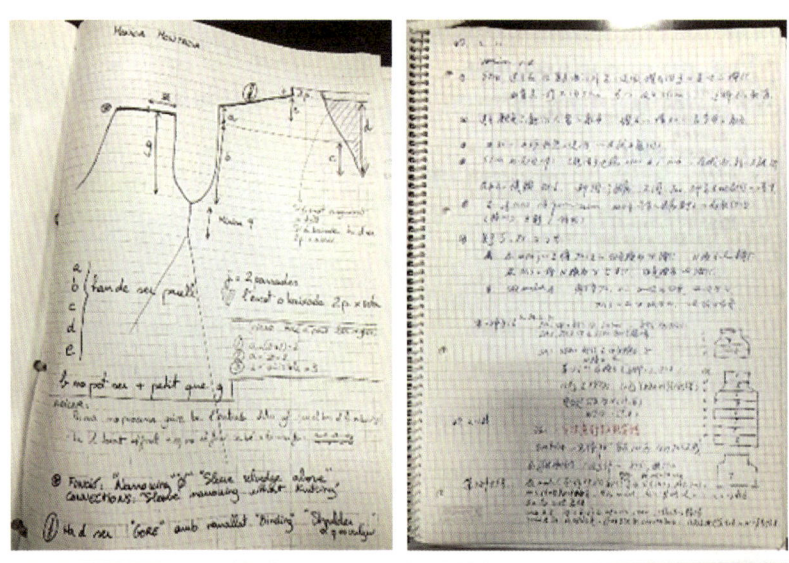

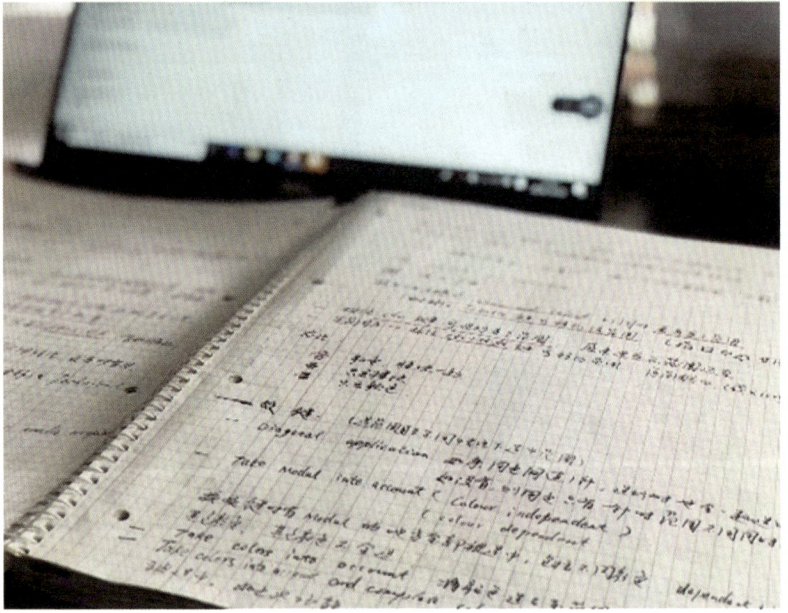

当时的笔记本

此项出色的针织技术不仅解决了毛衫编织过程中机器驱动程序的分割性问题，省去了一半的后续工作量，而且在我成立沙涓之后，它也将我们艺术羊绒的时尚理念完美地呈现出来，成功地践行了我们品牌技术驱动型的高端定位。

其实，这就是如今已广泛应用的3D织造技术，但当时还没有明确的概念，没有技术软件做支撑，全靠自己建模，并与手工代码相结合，有时候甚至会涉及四维的思考。这项技术要求全方位、立体地掌握针织各工序的精髓，并将这些工序中的技术要点打破后重组，才能做出真正意义上的"无缝"。此前，3D纺织技术处于最原始的"洪荒"状态，我却在其中寻找到了一条可行的蹊径。

那时在技术部工作的我，因为诸多创举，不仅仅在单位声名鹊起，令我万万没有想到的是，遍布世界的德国技术人员也将我的名字传播到了全球同行耳里，我成为德国总工程师眼中的"超越德国技术员的实战高手"，也因此跻身全球技术排名榜单的前列。

此前，德国的设备进入工厂后，德国工程师往往会在外贸翻译员磕磕绊绊的翻译中一头雾水，而我脱口而出的英文专业术语和及时救场则让他们瞠目结舌。因为彼时，普通中国人懂英文是一件不可思议的事情，能与外籍专家对话的均是外贸部门的翻译员，但大部分职业翻译不懂羊绒技术及设备的专业术语；懂技术的工艺师则以经验见长，绝大多数没接触过英文。

于是，他们好奇地问："小郭，你啥时候会英文的？"

我笑称："昨晚！"

这个世上哪有一朝一夕之功？轻描淡写的笑谈背后，不过是数年锲而不舍的结果。我此前在高中和大学阶段的自学，以及进入工厂后对纺织专业英文资料的钻研，皆非虚掷光阴。长期的蓄力成为机会来临时的充分铺垫。当年看似没有目标的坚持，终于在一瞬间尽情绽放。

逃离舒适区

从1991年进入鄂尔多斯羊绒衫厂工作，到见证人类历史的新纪元——千禧年，转眼间，我已经在那里工作了10年。那10年，也是鄂尔多斯羊绒集团高速发展的10年。

当年跨年联欢会的欢歌笑语，与烟花一同飞舞。凝视天空中的璀璨盛景，我陷入了沉思：也许我需要一个更广阔的世界，去承载我更大的梦想与追求。

回首过往，恍如昨日。我大学毕业后从零起步学习纺织技术，认认真真对待每一天，我希望自己是一个在父亲的教诲下勤恳做事、有所成就的人；我希望自己是一个无论过去了多少年，回望自己的人生都始终无怨无悔的人。这是源自我内心的最朴素追求，是支撑我度过一线工人时光的最大驱动力。

尽管那时的我已成为整个行业领域的领先者，但同时，我在事业上也遇到了最大的瓶颈：逐渐受限的发展与难以拓展的视野，已经无法让我在更高的境界上突破了。那是一种实实在在的痛楚。若想进一步提升自己的技术水准，谋求生命维度上的更大精进，我只有走出去。

更何况，当时安逸的生活正在蚕食我的梦想。我不想画地为牢，也不愿作茧自缚，加之当时公司内部存在个别讲裙带关系、论资排辈的现象,从来不会八面玲珑、逢迎讨好的我备受困扰。

1997年,26岁的我成为针织一厂的技术部长,负责全厂的生产技术与产品质量。当时800人的工厂有两层楼面,车间每日灯火通明,始终处于加班的状态,繁忙的一线职工无比辛劳,他们是鄂尔多斯品牌的缔造者。

我当时是集团最年轻的技术主管,这个看似很多人都"觊觎"的职位,却让我备感煎熬。一个纯正的技术派置身于盘根错节的人际关系中,是非常痛苦的。

在错综复杂的人情社会里,我能倚仗的似乎唯有自己的技术。但我引以为傲的本领,却不能让我在工作中如鱼得水。29岁那年,斯托尔公司要研发"3D无缝"全新技术,为此在全球范围内招募专家,组成攻关团队,而彼时远在中国内蒙古小镇中的我,无意中陷入了职场斗争的旋涡。

于是,摆脱一切羁绊去看看外面精彩的世界,与全球顶尖人才对话、同台竞技的想法,在2000年到来之际,成为涌入我脑海的第一个强烈念头。但这个看似"异想天开"的想法,却是对周围所有人固有生活的一种冲撞与冒犯:大家都安于既定的生活轨迹,为什么你那么不甘于现状?更何况,要离开工作多年的公司,谈何容易?那是我曾经安身立命的依托,是我交付了青春与激情的热土,同时它与我也有一种情感与命运的深刻关联与牵扯。

要知道,在我们那座小城里,从未有过这样的先例——从没有人主动离开让你生活体面的企业,没有已结婚生子的人会独自外出打拼,更没有一个女性为了"梦想"这样虚无缥缈的东西,去推翻"岁月静好,现世安稳"的固有秩序。因此,我当时的打算在很多人看来太不可思议了。

连我自己也一度纠结这样的决定是否正确：是继续"委身"于一眼能望到边界的生活，还是选择逃离舒适区，去迎接风雨的考验，品尝人生另一重意义上的滋味？两种力量在我内心左冲右突：一边是作为骨子里传统的女性，时刻为家人父母考虑的习惯思维；另一边是内心深处越来越强烈的声音在召唤着我。

我深知，一旦离开，对于我的家庭来说无疑是一次巨大的冲击。女儿当年只有4岁多，还在上幼儿园的她尚不知母亲的理想为何物，更不知这种离别对她来说意味着什么。

关键时刻，是我的先生"推"了我一把。他说，你根本不该是这样的，你走吧。最终，他成为最坚定支持我的人，他愿意成为我的大后方，承托起我的梦想，让我没有因为现实而自断一双飞翔的翅膀。

我认为，在息息相关的婚姻共同体里，不乏彼此激发的火花，更应有其利断金的协作；幸有烟火人生的相伴，更有风雨同舟的扶持。正所谓"丈夫是妻子的命，妻子是丈夫的运，加在一起就是命运"。

那时，我的脑海里也一直闪现父亲的那句话"读万卷书，行万里路"。对理想的追逐，因为有了家人给予的勇气而变得不再犹豫。于是，我坚定地选择了出发：从内蒙古启程，先到香港。半年后，我坐上了飞往德国的航班，去从事我最钟爱的技术研发工作，专攻时尚设计与纺织自动化技术。

在我离开小镇前，有很多被污名化的女性选择了出走，坦白说，我觉得她们才是真正的勇者。她们在为自己找一条路，至少，她们是敢于追梦和寻求希望的女性。在这件事情上，我还是很幸运的，更何况我的身后并非空无一人。

我相信：人生是一片旷野，而不是轨道。

出走

离开内蒙古，是一件大费周章的事情。

我曾以为鄂尔多斯是世界的中心，离开后才发现，这里只是人生的起点。

我希望突破自我，不是物理空间上的概念抑或赖以生存的职位。那时，我的内心燃烧着一团火，这团火如此炽烈、如此旺盛，它渴望以燎原的壮观照亮生命的长空。

但当时，所有人都认为我做出的是一个错误的，甚至是疯狂的决定。包括身边的好友也都劝我：我所在的企业正在日益发展壮大，前途不可限量，我为什么还要涉险探索那无法预知的未来？

的确，我承认，当时鄂尔多斯羊绒集团的发展仿佛逐日追风。1995年，鄂尔多斯羊绒集团已成为"中国羊绒大王"，最高峰时，其年度生产和销售量达到上千万件，取代了称霸羊绒业150年之久的英国道森公司，不仅一举奠定了中国纺织行业第一品牌的地位，也成了名副其实的全球行业王者。彼时，我正置身于一艘羊绒产业的巨型航母上，随之荡开万顷波涛，奋勇向前。

尽管如此，我仍渴望去见识一下我身外的这个日新月异的未知世界；我希望了解到我们的技术水准与研发能力和国际其他先进同行之间的差距；我希望取长补短，渴望见识天地辽阔。

而所谓安逸的"铁饭碗"，并非我一劳永逸的依靠。弄潮的水手，在搏击风浪时，靠的不是脚下的堤岸，而是可以自由游泳的能力。而这个能力,只有扑向大海,经过历练与成长才能获得。

于是,离开故里、远走他乡,就此改变了我命运的全部轨迹。我一直以这段经历为荣。内心的梦想需要大胆地去追寻,在你拥有无限动力的时候,勇敢地去实现人生的价值。只有不人为地设限,才能冲破困局和束缚,奔向远方,拾取一路芬芳。

也许正如诗人海德格尔所说:前行不息,无须迟疑和退避,健行于你寂寥的小径。

> 人生是一片旷野,而不是轨道。

从内蒙古到香港,再从香港辗转至德国,显然是对我过去10年全部认知与经验的颠覆:我从小到大生活在内蒙古的那片天空之下,以为它已经很寥廓,但是到了另外一个世界,我才发现,什么叫"别有洞天"。

04
在孤独中挑战世界顶尖水平

  20年过去了,整个世界——包括我们国家的羊绒行业,也包括我个人的事业、生活——都发生了重大的变化。但每每回想起我在德国两年的经历时,我仍会感慨万千。700多个于孤独中挑战的日日夜夜,让我完成了思维与知识的跨越及飞跃,完成了自我迭代,完成了精神上的涅槃。由此,这也成为锻造我人生的里程碑之一。

1842年，作为近代中国"睁眼看世界"的首批知识分子的代表，魏源在《海国图志》中提出了"师夷长技以制夷"的主张，倡导学习西方先进的军事与科学技术，也就此开启了中国了解世界、向西方学习的新潮流。这也成为中国思想从传统转向近代的重要标志。

当年，这一思想的诞生，更多是源于"救亡图存"的危机感。如今，100多年过去了，我们早已走出"师夷长技以制夷"的局限，而是放眼于更长远的未来。

德式理念——大道至简

2000年，我在去德国之前将香港作为中转站，是因为要在那里等待办理签证。斯托尔公司在香港设有中大（斯托尔）有限公司，我在那的半年时间不仅是一个过渡，也是一次成长的契机。

在港期间虽是我离开内蒙古后的一个缓冲期，我却忽然意识到天外有天，香港的技术延展与其高度，远远超出我过去工作所涉的层面与视界，技术更新的速度与复杂度更是让我压力剧增。

当地人的工作和生活节奏都很快，无论是在公司还是街头，抑或是地铁站，都能见到很多人行色匆匆。悠闲的内蒙古节奏对比香港速度，令我深刻感受到了仿佛是两个世界的天然鸿沟。那时，每到下午

6点正常的下班时间，办公室却很少有人离开，大家仍在埋头工作。忙到11点甚至凌晨，都是常有的事。偌大的"不夜城"终年上演着"爱拼才会赢"的故事，也许正是这种奋斗精神，才成就了香港在科学技术和研发领域的超前地位与整座城市的繁荣。

在香港工作半年后，我飞抵德国南部靠近斯图加特的罗伊特林根市，在斯托尔公司做技术应用的研究与开发工作。初到德国的印象迥异于我到香港的感觉，后者于我是一个国际化的大都市，而罗伊特林根市更像是一座静谧的园林。

这座小城给予我的震动，不是来自地理意义上的战略之重，以及在历史政治上的美誉，而是超乎想象的整洁与幽静。漫步在每条街道，置身于任何场所，都给人一种身心被荡涤的洁净之感；办公环境也是纤尘不染，东西摆放整齐。规划科学且空间巨大的办公区域里，一切都井井有条，永远赏心悦目，随时随地都可以用于参观。

这不禁让我感慨：一个对环境有如此高要求的国家，怎么会容忍自己生产出来的产品是粗制滥造的呢？由外及内的对品质的极致追求，是顺理成章的事情。

当时，我被安排住到离公司很近的一座家庭酒店里，房间不大但足够温馨。一对老夫妇经营着这家小小的酒店，它最令我感到愉悦的就是到处鲜花盛开。每天早晨，店主一家会为客人准备丰富的餐食，同时不忘在格子桌布上摆放花园里现摘的鲜花。花朵娇艳欲滴、清香怡人，彰显着德国人浪漫优雅的生活品质与情调。

德国同事老文曾是当年斯托尔公司派到鄂尔多斯驻厂服务的技术员，他回到德国后，我们又有幸在一起工作。他总会给我带来家里做的各种美食，也经常邀请我到他家与他的父母共度周末。他花了近5

年时间，一个人修缮自己家的百年老屋。作为公司里的机械工程师，老文修起房子来也是样样精通：电路系统、太阳能加热系统、隐蔽工程等诸多我们无法想象的事情，他统统一个人解决。特别让我感慨的是，当我习惯性地问他安装在墙体和地板下的线路出现问题该怎么办时，他总是无比自信地回答我：不会出问题，永远不会！

那一刻，我愣在那里，不禁佩服德国人对产品卓越的追求遍及生活的方方面面。德国制造来自这些以工科著称的普通德国人，他们对品质深入骨髓的高标准，已刻入对待任何一件事情的态度之中。老文80岁的老父亲与儿子是同一专业的，他对纺织技术及机械的研究更是独到。我们经常围坐在一起，探讨一些关于技术突破的问题，那种感觉棒极了！

德国同事家里的车库是男孩子们的乐园，我经常看到一群小孩子在里面捣鼓各式玩具，然后驱动这些玩具飞上天。孩子们的习惯源自一种根深蒂固的文化传统——善于钻研、勤于动手。我想，这也是德国工业制造业基础扎实的原因之一。

老文一直在整修老屋，直到我回国他还没有完成。想必如今，他的家园早已是一座美不胜收的诗意之所了吧？

在德国的很多地方，除了历史遗留建筑，现代建筑如同德国人被称作的"方形大脑"一般，大多是灰冷色调，敦实厚重又棱角分明，呈现出缜密的规划性、精密性，但在凝练雄浑之中并不乏时尚而充满活力的表达。建筑的规划建造不仅科学，而且高度人性化，让进入其中的使用者——人——体会到最大的便利与舒适。

不仅环境如此，建筑如此，德国还处处体现出服务于人的精神，这也是我在德国工作两年及之后多次去德国参观得到的深刻印象：以人为本，关注细节，摒弃花哨，注重实用。这种理念在德国产品的制造上也是一脉相承的，包括很多奢侈品，都显得质朴无华，远远没有绚丽缤纷的张扬，更无浮夸的渲染铺排。

初到德国时，我曾经讶异于德国的色彩怎么会如此"单调乏味"，人们的大脑怎么没有关于"丰富多彩"的构想？后来我才深深体会到了一种真正属于德国的奢华——大道至简。在它的背后，是精工细作、追求完美、对瑕疵的零容忍。依据这样的理念，人们充分发挥工匠精神，体现着工业文明的理智和魅力。

在那种精致与纯粹中，你看得到一种对人、对事、对物的真诚与热爱。没有粗糙的敷衍，没有随意的浪费，以极致的潜心导向他们最终想要的结果。换言之，他们对产品或是对生活方式的表达，虽然从不显山露水，但细致入微，于无声处，呈现出对卓越的高度内化及朴素坦诚的人文情怀。

革命性的颠覆

德国和历史悠久、幅员辽阔的中国不同，出生于此的美国前国务卿亨利·基辛格对它有一句评价很中肯："它对欧洲来说太大，对世界来说又太小。"领土的狭小注定了德国自然资源匮乏，很多重要的工业原材料要仰赖国外进口。所以，德国必须提高自己的竞争力，才能在世界上立足。

21世纪，在新时代风起云涌的技术浪潮中，德国愈发敏锐地意识到了新机遇、新挑战，于是利用自己在制造研发领域方面的优势，及时制定并大力推行促进产业发展的创新战略，以利于德国抢占全球高端市场的份额，并且推广德国制造的技术标准，进而巩固德国品牌在全球的影响力。这些创新战略的本质，就是让制造业的各个环节充分地与互联网融合，形成工业互联网。简而言之，就是"互联网+制造"。这种优势互补与高度整合，将"德国制造"的劳动生产率提高到了一种不可思议的程度。

比如我到访过的西门子公司的安贝格电子制造工厂，它已经实现了从订单、设计、生产到物流的高度自动化、高速化、高效化和高精度化，平均1秒即可生产一个产品，且合格率高达99.9985%。工厂有序管理着30亿件元器件，却只需要约1200人，并确保24小时内交货。在人数没有增加的情况下，产能提升了整整8倍。

如今，"德国制造"已成为德国创新体系和创新能力的标志之一，也是德国革新产业结构、促进新兴和尖端产业发展的助力引擎。作为一个纯正的技术派，我非常推崇技术改革。我在成立沙涓后，也开始逐步布局我们自己品牌的技术创新，它让我们明确了技术驱动下的产业走向，比如说用RFID（射频识别技术）来管理产品的生命周期，以及它对上游的整合和对下游客户的服务。我们的布局后来逐步完成，这是一个非常庞大的系统，涉及许多细节。它不仅是对物联网的整合，对整个生产链的再造，也是对我们工业系统的再造：上游原材料的把控和追踪，中段产品生命周期的管控，追踪客户的需求，再折射到全球化定制，这一系列都要在一套智能系统中实施。

在"德国制造"的启发下，我变成了一个流程工程师。我在探索我们的流程怎样走才能更科学高效：元件、数据、材料和生产制造能力都摆在那里，我们怎样让它们更顺畅地运行与流淌起来？物和物怎样联网？机器和机器怎样联网？第一道工序使用的机器怎样以信息的方式通知下一道工序的机器开工？如同我们去保时捷工厂看到的机器手臂工作的状态，这是一种协同作业，就像我们人类一样，一个机器手臂做完之后"告诉"下一个：你来干吧。一次流程再造就是一次革命性的颠覆，把过去的所有流程和工业的顺序全部推翻，重做市场。这不只是观念上的革命，更是整个工业的一次"大洗牌"。

即便在主张个性化定制，无法再用大工业流水线和流程对付各具特色的需求的今天，我们仍然实现了柔性制造和生产链的再造，把每一个流程都变成一个小循环，来实现个性化定制的可能。举例讲，大工业流水线可能需要10天时间才能走完一轮，可是小的流水线以两到三天为单位来实现定制化。这一切都是以大数据作为支撑的，如果数据集结不够庞大，这种反应速度是无法到达流水线的终端的。

2015年，我再次前往德国，进一步了解德国中小企业自动化、数字化的先进性，深度研究工业制造的智能化，并逐步优化我们的企业管理和产品生产的诸多环节。

"德国制造"在德国和世界其他各国制造业领域产生了深远影响。"流水不腐，户枢不蠹"，没有革新，就无法推动世界的发展；同时，没有国家与国家之间的取长补短，也无法取得共同进步。

"德国制造"是怎样炼成的

在一次记者招待会上，有人问彼得·冯·西门子："为什么只有8000万人口的德国，竟然会有2300多个世界名牌？"这位总裁是这样回答的："这靠的是我们德国人的工作态度，是对每一个生产技术细节的重视。我们德国的企业员工承担着生产一流产品的义务，提供良好售后服务的义务。"

当时有记者反问他："企业的最终目标不就是利润的最大化吗？管它什么义务呢？"

西门子总裁的答复斩钉截铁："我们德国人就追求两点，一是生产过程的和谐与安全，二是高科技产品的实用性。这才是企业生产的灵魂，而不是什么利润的最大化。企业经营不仅仅是为了经济利益，事实上，遵守企业道德，精益求精地制造产品，更是我们德国企业与生俱来的天职和义务。"

西门子总裁的回答切中肯綮，揭示出"德国制造"品牌众多、享誉世界的原因。

1997年，我曾去德国参观过斯托尔公司及奔驰总部，那时，他们的制造业就给我留下了强烈而深刻的印象。

在五六千平方米的偌大车间里，没有操作工人，因为高度的工业自动化已经取代了人工。数字化与智能化初现，工厂可以24小时生产，效率一流。反观当年的我们，却还在搞"人海战术"。

3年后，当我第二次来到德国做技术研发时，我也从一名参观者，成为"德国制造"的亲历者。从我寓居的埃哈茨河畔的罗伊特林根市北行50千米，就到了奔驰公司总部所在的城市——斯图加特。我几乎每隔2周就要去奔驰博物馆看看，试图深入解读"德国制造"的奥秘，并充分感知工业与艺术的有机结合，而这也成为我后来将工业制造与艺术创造完美融合的发端。

奔驰汽车曾做过一则广告："如果有人发现奔驰汽车发生故障，被修理车拖走，我们将赠送您1万美元。"这绝非哗众取宠之举，能勇于做出这种承诺的公司和产品，显然是以无懈可击的质量和强大的信誉度作为依托的。

像奔驰这样的品牌和公司,在德国并非孤本。正是因为有群体上的一致追求,"德国制造"才成为一个具有广泛意义上的代名词。

但任何"神话"的诞生,未必都有一个精彩的开头。

18世纪,英国、法国等欧洲国家先后完成了工业革命,成为科技世界的强国,德国却还是一个技术落后的农业国。德国人为了改变现状、占领市场,走上了一条看似颇为易行的"捷径"——大肆仿冒英国产品,并以倾销的价格"漫灌"海外市场。

德国当时的行为遭到了英国的强烈抵制。在英国人眼里,"德国制造"仿冒成风,价廉货次,是对他国利益和国际市场的严重破坏和巨大干扰。1887年,英国国会通过《商品法》,勒令所有进入英国和其殖民地的德国产品必须打上"Made in Germany"(德国制造)的印章。

来自英国的抵制和立法让德国人开始反躬自省,知耻而后勇的德国也开始以质量谋生存,在千方百计提高产业技术的同时,也加大了自主创新的力度。短短10年之后,英国人吃惊地发现,"德国制造"已今非昔比,从机械、化工、电器、光学领域工具,到厨房和体育用品,德国都展现出了令人刮目相看的实力,"德国制造"也最终以笑傲群俦的高品质,彻底打赢了这场翻身仗。后来,"德国制造"不仅成为商品的制造者,更成为世界工厂的制造者,被称为"众厂之厂"。

德国在1986年首次成为出口额世界第一的国家,并一直保持着这个强大的优势,直至1991年被美国超越。

"隐形冠军"的奥秘

世界著名的管理学大师赫尔曼·西蒙（Hermann Simon）教授曾对德国400多家优秀的中小企业进行过深入的研究，证明德国经济和国际贸易的真正基石，并不是那些诸如大众、拜耳、西门子、戴姆勒等声名远扬的大企业，而是在各自所在的细分市场精耕细作并且成为全球行业领袖的中小企业。

这些企业的规模并不庞大，利润也绝非特别可观，但他们遍布各行各业，在各自的细分领域成为世界的领军者。比如德国"隐形冠军"之一皮尔磁公司，从生产玻璃灯泡及简单的水银开关的小作坊起步，紧紧抓住当时突破性的电器元部件微型化趋势，迈入继电保护器材生产领域，专注一隅，成效卓著。如今的皮尔磁公司，在全球拥有40多家分公司。

华为总裁任正非在参观过德国的一些中小企业后非常感慨："高级水晶杯、高级的银餐具都是德国小村庄生产的，我去过两个小村庄，他们打出来的表格说他们从来不谈销售，他们谈占世界份额的多少。村办企业啊，讲的是占世界份额的多少。"

因为术业有专攻，德国的这些中小企业做到了绝对的精益求精，知名经济学家罗多夫曾打了一个生动的比方："'工匠精神'是德国制造业过去一百年成功的'钥匙'。"比如德国的伍尔特公司，是一家专做螺丝和齿轮的公司，规模不大，制造出的产品却是举世公认的高品质典范；再比如博世集团，从三人小手工作坊发展为全球第一大汽车技术供应商，从电动火花塞到世界级精密机械及电气工程工厂，它创造了跨越世纪的"超长待机"纪录。罗伯特·博世（Robert Bosch）

一语道破其中的"玄机":"我最不能忍受的是在我的产品中发现任何瑕疵,所以我总是努力制造出在各方面都经得起最严格检验的最出色的博世产品。"

这种对品质的追求,让"德国制造"成为世界制造标准的巅峰,承受住了客户严苛的眼光和岁月长久的考验。因此,不少德国企业的生存时间都在30年以上,有的甚至长达百年,赢得了全世界的尊重。

德国的纺织工业也以中小企业为主,使用最少的劳动力,实现最大的附加值。19世纪末,德国政府就已经开始加强纺织技术的培训与研发,使德国纺织工业向高技术转化。经过多年的努力,德国不仅成为欧盟27国服装市场的领导者,同时也是亚洲纺织品及服装的大进口商。

纺织服装业是德国第二大消费品行业,包括技术领先的皮革企业、羊绒企业在内,共有1400多家企业。由于面临激烈的国际竞争,德国传统的纺织服装行业早就应时而动,以优秀出色的设计、强大的创新能力和高端品质在国际上形成了很大的影响力。让人不敢小觑的是,德国是世界上继中国、印度和意大利之后的第四大纺织服装产品出口国。

浸润于"德国制造"的这种氛围之中,我在德国工作的两年里,仿佛获得了长达20年的滋养。我认可并学习这样的工业文明,并希望将其带到我们的品牌之中。"德国制造"所秉持的这种工匠精神,后来也成为沙涓恪守的准则,我们品牌的定位与格调,创造性地承袭了这样的理念——坚持精益制造,以品质作为唯一的标准。我经常说的一句话就是:如果还有更好的材料、更好的技术方案,那我们一定要努力去实现!我们从材料甄选到产品设计,从加工制造到售后服务,无一不注重细节。沙涓以高度的严谨与专注、杰出的手工与匠心，向全世界展示了"中国制造"的新气象。而这，最终成为我们的品牌可以畅通无阻进入欧洲奢侈品市场的"金钥匙"。

为中国羊绒制造寻路

我至今还记得上中学时学过的《逍遥游》。庄子在文中提及了两种小生灵的境遇——"朝菌不知晦朔，蟪蛄不知春秋"（朝生暮死的菌草不知道黑夜与黎明，夏生秋死的寒蝉，不知道一年的时光）。

庄子把自然界的短命者与长寿者做比较，取譬设喻，况味自明：朝菌与蟪蛄何尝不代表一种人类认知上的局限呢？而对这种认知局限的突破，往往从走出故步自封的舒适区开始。

从内蒙古到香港，再从香港辗转至德国，显然是对我过去10年全部认知与经验的颠覆：我从小到大生活在内蒙古的那片天空之下，以为它已经很寥廓，但是到了另外一个世界，我才发现，什么叫"别有洞天"。

进入21世纪以来，中国的羊绒产业发展虽然高歌猛进，但羊绒高端技术领域与世界先进国家相比，还是不可同日而语。那时，我们浪费大量的资源，出卖廉价的劳动力，但因为属于低端制造，所以附加值很低，利润也非常微薄。而彼时的"德国制造"已经在自动化方面领潮流之先，基础研究做得特别扎实，很多蜚声全球的企业都有着令世界肃然起敬的影响力。

我多希望中国也能拥有这样底气十足的企业，但遗憾的是，那两年在德国，我才知道，在很多外国人眼里，"中国制造"就是价格低廉、粗制滥造的代名词。这是当时的欧洲市场对中国产品的评价。

在2003年之前，中国主要靠大批量的廉价快消类产品占领市场，尤其是在轻工业方面，我们的不少纺织品都属于粗加工，没有什么文化创意，迭代更新能力差，导致我们的产品在国际市场上没有溢价能力，也缺乏足够的竞争力。

站在新旧世纪的交汇点上，我们眺望美好的未来，就更应该补齐自己的短板。尤其在中国加入世界贸易组织（WTO）后，要想与国际接轨，我们就必须改变这种状况，我们的制造业、我们的产品应该以崭新的面貌登上世界的舞台。

于是，我希望通过自己的所学，在转变中国产品的刻板印象上做出自己的努力。

到德国后，我主要做羊绒技术应用领域的研究与开发，在斯托尔公司总部，与来自英国、德国、法国、意大利、澳大利亚的专家组成了6人攻关团队。我们的共同合作之旅也是一个彼此碰撞和激发创意的过程。

斯托尔公司堪称业界的传奇。1873年成立于德国的这家公司已有150多年历史，它的研发中心是全球顶级的，因发明了世界上第一台编织双反面组织的手摇针织横机，它曾引发针织横机的产业革命。从提花选针装置到世界上第一台电脑横机、世界上第一个专业的花型设计系统，再到CMS系列电脑横机，斯托尔公司杰出的机器性能，一体化的优质服务，遍布全球的分支机构、销售网点、服务中心和代理商，使其名扬世界。在过去的100多年中，发明与专利伴随着公司成长不断增加至数百项。高度复杂的技术开发和创新独立的时尚科技，使其在全球独树一帜。

在诸多的优势中，斯托尔公司的机器尤以耐用性而著称。整块钢板制成机器的最重要支撑主件——针板，哪怕发生重大事故，比如机头撞针，针板受到严重损坏，只要用矫正器轻轻捶打，它就能复原到正位，而且功能不会受到任何影响。这样"又硬又软"的钢材，令我们赞不绝口。斯托尔电路板的稳定性及耐用性，是让我作为一个从业30多年的纺织人最叹为观止的。今天，我的工厂使用的还是已服务20年之久的斯托尔自动化机器。如此经得起时间检验的机器设备，也是德国这样的百年家族企业的经营精神所在。

在斯托尔公司，我将大量时间用在了如饥似渴地学习、研发和实验上，同时阅读了很多软件编程的实例。我搜集归纳了大量的资料库数据，研究纺织自动化及软件开发的样品案例，通过比对和分析、鉴别与总结，去触发新的灵感，并像海绵一样吸收所有的"营养"，作为自己不断成长和提升的能量供给。

同时，那些有别于我在内蒙古见到、听到、学到的全新思维模式、技术应用理论和经营运作理念，远超我此前能接触到的实战知识和视野，这种颠覆和引导，以及在深刻反思之后产生的危机感和紧迫感，促使我更加疯狂地去补充自己的知识与能力架构，去设计、研发更多的可以比肩甚至领先世界潮流的创意产品。这种淬炼，是由量变到质变的跃进。因此，在德国的两年使我受益匪浅。

那两年，我不断拓展自我的边界，希望充分打开认知的大门，找到技能精进的蹊径，更希望为中国羊绒制造寻找一条走向世界的路。尽管风雪载途，道险且阻，我仍愿做那个投石问路的人。

当时的我是公司自动化编程部唯一的女性，更是唯一来自亚洲、来自中国的女性。我时常会回忆起工作中有趣的场景：我因为个子矮

04　在孤独中挑战世界顶尖水平

1998年，我正在学习计算机自动化编程

2000年，德国生活照

小,在现场做研发时够不着机器,大家就给我搭了一个高台,让我站在上面操作。这些机器让高高大大的德国人来操作,却易如反掌、得心应手。因此,他们经过我身边时,经常会看着我笑。但在我真正遇到困难的时候,他们绝不会袖手旁观,而是及时伸出援手。同时,他们也会留心观察我都做了什么。德国人往往实事求是,崇拜强者,当你还是一个普通的技术研发人员,没有可观的成绩及独特的技术突破时,是没有人认可你的。

那时,我和其他研发人员经常在一起讨论,不断地交流,大家也会在早晨上班时看看我办公桌上前一晚加班后的织片实验品——那是我们技艺切磋的成果。过了一段时间,我的头儿突然跟我说:"其实你是我们中的大师(Master)。"我当时特别吃惊,说我还是"小学生"。他说不,你可以给我们上课,可以教我们很多东西,你是我们团队的大师,因为你做出了很多我们做不出来的东西。

在德国期间,另一个让人记忆犹新的场景就是:绝大部分时间,我都是晚上最后一个离开公司的人,办公室里的灯一直为我点亮,而公司的门卫是整栋大楼里唯一陪伴我的人。每当我离开时,我们总是微笑着向对方颔首。那是两个在各自岗位上的执守者,对彼此最深的致意。

有一天我下班时,碰到公司总裁斯托尔先生开车离开。他向我发出邀请:"Juliet,我可以带你一程吗?我们一起出去吃个饭。"吃饭的时候,他说自己已经关注我很久了,对我这名来自中国的技术研发人员充满了钦敬。

我坦诚地告诉斯托尔先生,很多事我都不会,譬如做饭。他回答:"你不需要会做饭,你在自动化软件编程方面已经成为很多人难以企及的天花板了。"我当时非常吃惊，日日埋首于钻研之中，竟不觉自己已悄然站于技术领域的山巅。

作为百年家族企业的总裁，斯托尔先生表现出的对知识和人才的尊重，给我留下了特别难忘的印象，这里更多的是绅士风度与人格平等。

几年前我再一次去德国，与斯托尔先生相聚的时候，他仍然对我说："Juliet，你知道吗？你是最棒的，在织可穿领域软件编程方面排世界第一。"

想当年，我从文科生思维转换到理科生思维。当专业不对口的基础教育成为我最大的障碍时，我只能以数倍于他人的努力，迎难而上，在"自动化软件研发"这座仰之弥高的山峰前，胼手胝足地登攀，直至抵达我向往的高度。

两年的深造，让我有幸成为全球行业技术领域TOP5的羊绒纺织技术专家。但我知道这一切都是如何得来的：当我看到在草坪上玩耍的小女孩时，我因疯狂地想念女儿而落泪，4岁的她会不会因为长久见不到妈妈而哭闹？当我一个人从公司伴着月光走回公寓时，往往已经是万籁俱寂，而那又是我挑灯夜战的开始。

20世纪60年代，美国社会活动家葛罗莉亚·玛丽·斯坦能（Gloria Marie Steinem）曾经对广大女性说过这样一句话："别人能夺走你的力量，但不能给你力量。唯一的方法是让它从你的身体里长出来。"

我在异乡的大地上行走，在疾驰的岁月中行走，我的身体里长出了力量，也生出了一树繁花。但关山待越，长路漫浩浩，我知道，那是一场永无止境的长征。

每一步都是抵达

在德国,除了搞研发,我最喜欢做的事情,就是在每个周末到来时,坐上夜火车或者乘飞机,去欧洲各国游历:法国的巴黎,意大利的罗马、米兰、佛罗伦萨等城市,都留下了我的足迹。这些地方也是我接受美学教育的"大课堂"。后来我创立沙涓品牌,与此前的"行万里路"有着密不可分的关系。因为大量吸收了欧洲文化艺术的养分,我在后来的原创设计中才有了中西融合、兼容并包的丰沛灵感。

当年的"寻梦"之旅更像是一场生命的开悟:我曾坐在飞机上,俯瞰长长的黄金海岸线、浩渺蔚蓝的海水,它们像大自然母亲敞开的怀抱,亦如大地的眼眸蓄积的泪水;有时,我也目睹金黄的落日染红了半边天,直至缓缓坠入地平线,自然联想到李商隐的"夕阳无限好,只是近黄昏"。一个充满诗意的才子,看到落日,会感慨岁月苦淹留,会忧时伤世,但我为之感动的却是自然如斯,人生如斯,我们将如何像朝阳一般喷薄而升,像落日一般壮美而陨?

漫步于欧洲艺术的殿堂,我会赞叹人类杰出的创造,尤其是在美术学院和博物馆,我看到了无数大师留下的天才之作,看到了那些展现历史进程的智慧结晶,尤其是欧洲文艺复兴时的瑰宝,更让我流连忘返。我曾站在米开朗琪罗的大理石雕像《大卫》前,敬慕力与美的神圣;我曾伫立于拉斐尔创作的《西斯廷圣母》前,感受爱的光辉和生命的信仰;我也曾跑到莎士比亚的故居,拜谒这位被称作"人类文学奥林匹斯山上的宙斯"的文学大师……文艺复兴,巨人辈出,需要时代的土壤;而时代的改天换地,也需要巨人的推动与引领。恩格斯曾高度评价欧洲文艺复兴的重大意义:"这是一次人类从来没有经历过的最伟大的、进步的变革,是一个需要巨人而且产生了巨人——在思维能力、热情和性格方面,在多才多艺和学识渊博方面的巨人的时代。"

深以为幸的是,在那场伟大的变革发生几百年后,我们仍能站在时代与巨人的肩膀上看世界。著名历史学家许倬云先生在对话学者许知远时,曾表达过对未来的期许:"要人心之自由,胸襟开放,全世界人类曾经走过的路,都要算是我走过的路之一。使人养成一个远见,能超越你未见。我们要想办法设想我没见到的世界还有可能是什么样……"

如今,20多年过去了,整个世界——包括我们国家的羊绒行业,也包括我个人的事业、生活——都发生了重大的变化。但每每回想起我在德国两年的经历时,我仍会感慨万千。700多个于孤独中挑战的日日夜夜,让我完成了思维与知识的跨越及飞跃,完成了自我迭代,完成了精神上的涅槃。由此,这也成为锻造我人生的里程碑之一。

有人说,卓越的人有三条命:性命、生命和使命。

正是从德国研修开始,我的心中悄然埋下了一颗种子:我希望将来能为"中国制造"正名,我希望未来的"中国制造"也能与世界那些高端品牌并驾齐驱,赢得同样的认可与尊重。

这对我而言不仅是一种自我价值的实现,更是一种使命的达成。我愿意成为那个不辱使命的人,哪怕这是一段漫长无比的旅行,没有终点。

一名曾孤身探险的女子在她的游记中写道:"后来许多人问我一个人夜晚踟蹰于路上的心情,我想起的却不是孤单和路长,而是波澜壮阔的海洋和天空中闪耀的星光。"

我想，心中拥有星辰大海的人，她的每一步，都是抵达。

―――――

别人能夺走你的力量，但不能给你力量。唯一的方法是让它从你的身体里长出来。

要人心之自由，胸襟开放，全世界人类曾经走过的路，都要算是我走过的路之一。使人养成一个远见，超过你的未见。我们要想办法设想我没见到的世界还有可能是什么样。

卓越的人有三条命：性命、生命和使命。

―――――

尽管公司通过多年努力在业界赢得了不俗的口碑，但屈居于这些蜚声国际的大牌产品链条的下游，所获菲薄。"为人作嫁"的结果，就是根本无法实现对自我创造价值的追求。

我决定彻底放弃现有模式，哪怕从头开始，也要结束这种低端制造的商业规则。

05
回国，艰难的代工之路

我内心想：我们从此再也不会走那条路了，那条路已经把我推到死角，三面都是墙，无路可走。局势很清晰：只有天空还剩下一条路——我要成立一个属于我们自己的品牌，一个属于内蒙古人的品牌，一个属于中国人的品牌。

情系"魔都"

结束在德国的两年工作，2002年，我回来了！虽然德国的工业之美令人留恋，但我的根在中国，我的家在中国，我的事业更应该在中国。这是我选择归国的最充分理由。

当我坐在飞机上，俯瞰波涛如怒的云海以天马行空的方式变幻着千姿百态时，我再一次心潮澎湃。

记得宋代的禅宗大师青原行思曾提出过参禅的三重境界：参禅之初，看山是山，看水是水；禅有悟时，看山不是山，看水不是水；禅中彻悟，看山仍是山，看水仍是水。

这似乎也是我在国外经受两年洗礼后的一个巨变。

出发前，我是对这个世界充满了无限好奇的人，希望登上最高的殿堂，采撷到皇冠上那颗璀璨的明珠；两年后，当我携带着多项技术专利回国时，我忽然发现，一个人在经历了人生的大江大河后，重新打量自己站立的地方，会有一种脱胎换骨的体验。

这种变化让我能以更清晰的目光去审视自己要走的路、要做的事。

2001年，是值得中国人永远铭记的一年。12月11日，中国正式

05 回国，艰难的代工之路

加入WTO，成为其第143个成员。时任WTO总干事穆尔对新华社记者说："宣布中国加入世界贸易组织，是我一生中最荣耀的时刻。"

这个消息令当时还在德国学习的我非常振奋，因为每个中国人都知道，我们等这一天等了多久！

当新世纪盛装莅临，当入世的大门訇然中开，这意味着中国经济必须参与全球经济一体化的竞争。我们应当以更强劲的实力登上国际舞台了，这个念头也是支撑我在德国苦心钻研的强大动机之一。

在2002年回国之前，就有一个问题横亘在我面前：接下来要去哪里落脚？去何处铺展事业画卷？面临很多城市的选择时，我将目光投向了上海。在我眼里，这座中西荟萃、四海并包的城市不仅能拓展我的国际视野，更能盛载我的创业情怀，同时，它一流的投资环境、雄厚的人力资源，也无疑是优中之选。

以前出差去其他的城市，我都会说过几天就回内蒙古的家了，唯独来到上海，却让我顿生于此"安营扎寨"的无限憧憬。没想到几年之后，我终于得偿所愿。那不仅源自内心的皈依，更是对梦想的践行。

20年前，我来到上海时已过而立之年，没有任何能够仰赖的背景，没有可以帮衬我的亲人和朋友，并丢掉了一份衣食无忧的工作和过去熟悉的圈子，将在一片空白地带重新安身立命。那时，我唯一的倚仗是融会了传统与现代思维的头脑，我从德国研发的羊绒专利技术，以及我10年来全部的经验累积。上海，就这样成为我的第二故乡。

这座充满了罗曼蒂克色彩的"魔都"，有我喜欢的气质，它也是与巴黎最相似的城市，不仅摩登曼妙，也是近代民族工业的发祥地，在制造业方面可谓领潮流之先。品质上乘、做工考究，逐渐成为"上海制造"的主要特征：从恒源祥到老凤祥，从蝴蝶牌缝纫机到上海牌手表，从英雄牌钢笔到永久、凤凰自行车，这些当年风靡全国甚至享誉海内外的产品，作为"上海制造"的佼佼者，是匠心品质与时尚经典的象征。

作为一座国际化的大都市，步入21世纪之后，上海不仅成为中国经济发展的引擎，而且也日益成为整个亚洲的金融中心，形成了"世界看中国，中国看上海"的共识。尤其是在制造业方面，这里不仅汇集了无数的精英人才，掌控了核心技术，占据了高端价值链，引领了业态创新模式，而且在服务国家战略、转型升级、加快迈向全球卓越制造基地、提升城市能级和核心竞争力等方面，更是走在了全国的前列。

这些优势，上海显然是独具的。

当时香港中大（斯托尔）公司，以及德国斯托尔、香港伟新，大家都希望成立一个可以输出最新技术，同时可以帮助国内针织工厂彻底转型、支持国际奢侈品代工的企业。于是同年5月初，我作为技术股东来到上海，开始了另一段航程。

一座技术驱动的中国制造工厂，也由此开始书写它浓墨重彩的历史。

当落脚于此的时候，我也恍惚踏进了一个美丽新世界。期许中不乏对未知的忐忑，撕裂中也带着一份笃定，但更多的是重新启程时兼怀一份"九万里风鹏正举"的豪情。我最终将创业基地锁定为上海最有特点的行政区——滨海金山，也源于多种方面的综合考量。

第一，金山作为上海的纺织中心，有着成熟的产业链及产业技工,大量的纺织技术及人才汇集在这个区域。尽管它远离城市中心,位于上海西南端的杭州湾北岸,但西与浙江的平湖、嘉善相邻,北靠松江与青浦,是上海直接与浙江和南方其他各省交流的重要区域,与长三角半数以上城市都处于1小时经济圈内。

第二,金山文化资源丰富,堪称物华天宝、人杰地灵:近代围棋国手顾水如、当代国画大师程十发、漫画家丁聪,以及2009年诺贝尔物理学奖获得者高锟,都是从金山这片土地上走出去的。

在我的公司入驻这里几年后,金山区枫泾古镇基于当地独具特色的农民画,又成立了"中国农民画村",各地的优秀农民画家携手入住,金山成为上海乃至全中国的民间文化艺术之乡。

钟灵毓秀的文化氛围,还有农民画家的匠心之作,成为我们的羊绒产品艺术灵感的来源之一。"金山农民画"后来也成为我们品牌建立初期出海的第一个艺术跨界合作者。能带着文化瑰宝走出国门,并在海外引发强烈的反响,是我无比骄傲的事情。

第三,金山作为上海重要的先进制造业基地、高新技术产业园之一,不仅为落户到这里的大中小企业提供了优渥的创业环境,同时也给予了我们最大的政策扶持。

金山对投资企业,不分所有制,不分内外资,不分区内外,一律实行公平待遇。在它努力建成打响"上海制造"品牌的重要承载区、实施乡村振兴战略的先行区、长三角一体化发展的桥头堡的目标路上,很多投资者都体会到了奔赴至此的意义。

更为重要的是,金山作为"纺织之乡",符合我的专业定位和投资方向。金山的枫泾古镇已有1500多年的历史,它的传统优势产业就是纺织服装。明清时,这里的织布业就非常发达,素有"收不尽魏塘纱，买不完枫泾布"之说。

落户金山后，我作为技术股东，与德国、中国香港的合资公司联合创办了上海伟航电脑针织有限公司，从事针织品生产、设计、研发及进出口贸易，为公司奠定了后来塑造国际化品牌的扎实基础。如今，伟航依然是我们品牌的核心研发中心与匠人工坊。

"伟航"这个名字蕴藉的深意，更像是一个勇敢的航海家，去未知的海域，开辟出一条前所未有的崭新航线。当我启航时，根本无法料到茫无际涯的前方，会遇到怎样的惊涛骇浪、暗礁险滩。只是既然我已经出发，就会风雨兼程、义无反顾。直至今天，我仍记得公司成立那一天的情景，它也成为我人生中又一个具有里程碑意义的节点。此后，我开始了在茫茫大海之上的"历险记"。

奥地利作家卡夫卡曾说过："人类远比这些原始动物（指攀附在礁石上的细小珊瑚）可怜。他们既没有为他们抵御海浪冲击的坚固岩礁，也没有钙盐形成的外壳。"但也许正因为如此，"新大陆"的发现者才要具备航海家的勇气、资质和能力，否则只能面临随时倾覆甚至葬身海底的危险。

在上海，在金山，我经历了中国经济最辉煌的历史时期之一：经济高速发展，一切理念与思想都发挥得淋漓尽致，所有知识的积淀都迸发出了强劲的精神力量，最大限度地释放出能量。而我在德期间的所有技术专利，也都能够得到应用，那是一种"天生我材必有用"的自信，更是一种"人生得意须尽欢"的挥洒。

尽管在这20多年里，伟航经历了生死存亡的考验，但我特别庆幸在2002年这个时间点选择落户金山。那时候年仅31岁的我习惯了德国简单直接的工作方式，一想到要与政府部门打交道，就委实让我犯难。

然而令人倍感欣慰的是,我是金山区政府透明务实的工作作风的受益者。在创业的过程中,我们不仅没有遭遇刁难,反而得到了积极关注和大力帮扶。来自政府的细致入微、简洁高效的职能服务,让我这个"社恐"可以心无旁骛地将所有精力都用于企业经营中。我们的品牌在发展壮大中没有因为客观原因而阻滞不前。

人生何其有幸,可以赶得上这样的时代;何其有幸,让我最终选择在上海放飞自己的梦想。她以海纳百川的胸怀和华茂丰饶的土壤,让无数人的才华和能力转变为企业、社会和国家发展的强大驱动力。

这,就是上海的魅力。我融入上海,就如同一朵奔腾的浪花,融入了黄浦江。

国际大牌的代工之选

当作为个体的人类像一朵浪花融入时代大潮的时候,我们会有到中流击水的豪情,但也会遭遇狂风巨浪之险。而这种历练从我走上代工之路那天起,似乎就已被注定。

中国加入WTO后,国际社会的经济格局变化日益凸显。四川长虹电器股份有限公司原董事长倪润峰认为,全球加工业开始大量向中国转移,根据中国的人口结构和世界经济环境所处的位置,有专家预测,全球加工业向中国转移停留的时间不是10年、20年,会更长些。

说起中国的加工制造业,OEM(定点生产,俗称代工)是无法绕开的话题,这是中国很多企业在进入21世纪后走向国际化的必由之路。施振荣在《全球品牌大战略》一书中指出:也许99%的台湾企业是走这样的发展路程——先做OEM，之后才转做OBM（自有品牌）。

其实OEM作为一种生产方式，半个世纪之前就已在世界范围内广泛通行了。在欧洲，早在20世纪60年代就已建立有OEM性质的行业协会，1998年的OEM生产贸易已达到3500亿欧元，占欧洲工业总产值的14%以上；在20世纪70年代以前，日本企业靠代工与模仿西方产品，使得经济复苏；韩国在20世纪80年代也是从代工慢慢发展自有品牌的。

OEM之所以被国际社会广泛认可，是有其现实的土壤作为依托的：作为品牌商，利用自己掌握的核心技术负责设计和开发，然后将具体的加工任务交给别的企业去做，不仅极大地节约了生产成本，而且无形中也提高了品牌的附加值。而供应商利用自己的原材料、技能和人力优势，也获得了多种相应的益处，譬如进入国际市场，参与竞争；学习经验，完善管理；创新产品，提升能力等。无论品牌商还是供应商，都能互惠互利，因此OEM是社会化大生产、大协作趋势下的一种明智之选，也是资源合理化安排的有效途径之一，是全球经济一体化的充分体现。

作为制造业发达的大国，中国在诸多消费品领域有数量和规模庞大的OEM代工厂。2001年之后，OEM在中国的发展已至白热化阶段。据《环球奢侈品报告》报道，早在2009年，就已经有60%的国际奢侈品品牌在中国进行代工生产。有的在中国生产成品；有的在中国完成大部分工序，运至品牌国完成最后工序。

在成立自己的品牌之前，我们不仅为麦丝玛拉（Max Mara）、阿玛尼（Armani）、爱马仕（Hermès）、诺悠翩雅（Loro Piana）、蔻依（Chloé）等国际奢侈品品牌提供顶级羊绒原材料，而且作为与其合作的制造商之一,我们也为其生产成品。为国际大牌做代工,其实是有着极高的准入门槛的,而我们之所以能够轻松跨过这道门槛,无疑是因为具备与之相匹配的优势条件。在鄂尔多斯工作的10年,我经历了从一线工作到对千人工厂的管理,加上有在德国做了2年前沿技术研发的成果,这些成为我们强有力的支撑。

"为人作嫁"的辛酸

著名记者李伟在他的《超越者》中写道:"一个波澜壮阔的时代,往往在不经意间启动。2003年开始,中国经济开始起飞。"我们的国际贸易借此大好形势,也是做得如火如荼。2005年前后可以说是中国工厂的鼎盛时期,很多工厂都强势赋能,开足马力,时时刻刻以"印钞机"的状态赶订单。

为了扩大生产,我们的工厂一直都在追加设备。当时的上海市政府鼓励设备进口,改进制造能级,对外商进口设备给予了增值税减免的政策,我们也是外商投资的先进技术企业,因此得到了非常优惠的政策照顾——得以减免17%的进口增值税。这无形之中也促进了我们企业的发展壮大。

当时的伟航是上海最大的自动化设备针织工厂,也是技术方面最先进的企业,斯托尔先生每次从德国来上海,都会过来参观。他始终记得当年那个每天最晚离开公司的中国女性,记得我们在德国共处的合作时光。我们在上海相聚时,他除了要了解公司的发展状况,还会给予我们一些建议与指导。

当时上海的贸易公司以国企背景居多,或为转制后重组。进出口

静心守一：一个民族羊绒品牌的"隐形冠军"之路

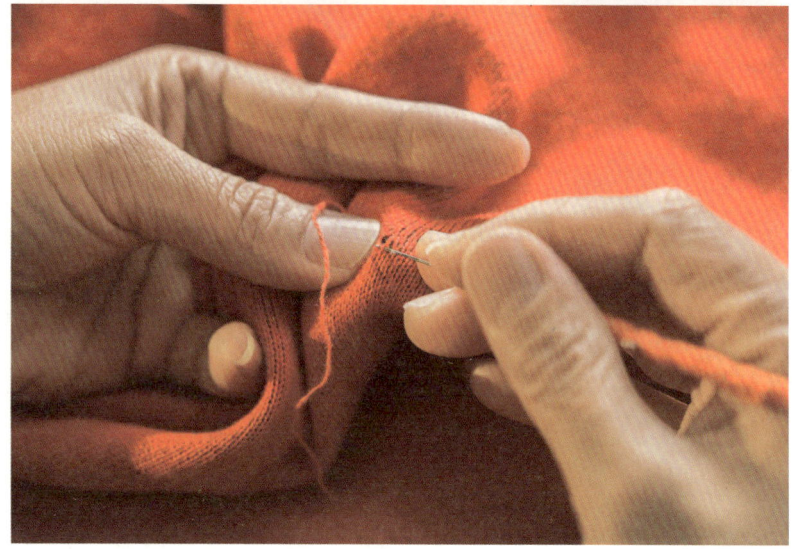

沙涓工厂里手工匠人的工作日常

05 回国，艰难的代工之路

业务在上海规模宏大，活跃度高且配套齐全，围绕着外贸订单的各链条，人员拥拥为众。彼时一个蔚为壮观的场景就是：纺织业异常发达的江浙沪地区各种工厂云集，从业队伍庞大，大量的质检（QC）人员穿梭于上海贸易总部及长三角地区，纺织业进出口贸易一派生机勃勃。

这是2001年中国加入WTO后最真实的写照，外贸发达地区的制造业达到了空前的繁荣。而香港作为"洋行"盛行的区域，其转口贸易成为内地重要的订单来源。我们当时的客户大部分来自贸易行，而这些贸易行都在香港设有亚太总部，统管亚太地区的采购，大量品牌以香港为中转，而不是直接下单给内地的公司。这样的架构决定了到达我们手里的订单是层层转手之后的业务，利润是被各种"盘剥"之后的所得。

那些年的我每天忙得像陀螺，除了为技术把关、进行公司管理，还要与客户协调沟通交货事宜。同时，面对雪片般飞来的订单，我们经常应接不暇。往往是这批订单结束，下一批订单又接踵而至，周而复始，无有已时。我们的生产线就像一架架"永动机"，400名技术娴熟的员工争分夺秒，每一道工序环环相连。为了保证成品质量万无一失，任何一个流程都不能掉以轻心。

那时，我们经常为了赶订单而加班加点。记得有一次，工人们连轴转多天，实在太累了，我特别于心不忍，便说了一句"大家休息一会儿吧"，工人们随即躺在冰冷的水泥地上睡着了。

沙涓的工人正在德国STOLL机器上输入编织程序

即便如此卖命，我们仍面临着生存的困境。

从2002年至2011年，我们整整做了10年代工。当时，我们作为制造商可以做到什么地步呢？周全到连吊牌都给客户制作好。品牌商一个指令下来，生产线随即启动，各环节紧密衔接；货品做好，装箱完毕，这一箱发到巴黎的某店，那一箱发到纽约的某店；门店收货，拆出来就能直接卖。一切都是我们制造商在做，可以做到如此尽善尽美。

尽管我们公司通过多年努力，在业界赢得了不俗的口碑，但屈居于这些蜚声国际的大牌产品链条的下游，所获菲薄。"为人作嫁"的结果，就是根本无法实现对自我创造价值的追求。

这样的境况在行业内并不罕见。有识之士为此痛心疾首："2000年中国出口羊绒衫达900万件，通过自有品牌直接销售给消费者的不足10%，90%的产品是通过中间商换上自己的商标销出去的。这一换，价格由15美分/克涨到30～45美分/克，有的还更高，制造商只保住了成本，甚至有不少商家还出现了亏本。这种不公平交易长期存在，中国的羊绒产业何时能真正走向世界？生产制造这些产品的中国羊绒企业何时能以各自的品牌参与国际市场的独立竞争？"[1]

浙江大学的盛况教授谈到当年潜心研发第三代核心芯片的初衷时说："我不想中国企业受制于人！"那时的我，同样强烈渴望拥有独立自主的话语权，拥有中国人的高端羊绒品牌，而不仅仅是成为国外奢侈品牌的制造商。

金融危机下的恶性竞争

正当我踌躇满志之际，席卷全球的金融危机爆发。2008年的危机始于2007年美国次贷市场，并随着2008年9月雷曼兄弟投资银行的倒闭，发展成为一场全面的国际银行业危机。1929年以后最严重的金融海啸汹涌而至。

由于这场金融危机的影响，全球经济出现大衰退，它带来的强烈冲击波远超我们的想象。尽管中国政府采取了各种措施积极应对，但金融危机造成的巨大损失仍然不可避免。

当时，国际国内企业纷纷倒闭或者业务量骤降，我们也未能幸免于难：海外订单锐减，出口遇到瓶颈，导致利润大幅缩水。为此，我深切感受到了全球高端羊绒市场上中国品牌的羸弱。因为受到太多掣

---

[1] 王林祥，王煜华. 面对入世的中国羊绒产业[J].实践，2002（2）：29-32.

肘，许多国内代工企业岌岌可危。

我们不时听闻一些乙方企业无法收回货款的消息，甚至产品到达美国港口后发现客户破产，最后自己也难以收回成本。诸如此类的负面新闻不断传来，说明当时整个中国的加工制造业都在经受越来越严峻的考验。

与此同时，《中华人民共和国劳动合同法》实施，意味着以劳动力为优势的中国制造的历史要改写了。为了应对金融危机，很多客户开始将工厂转移到东南亚劳动力更便宜的国家，上海的许多同行工厂整天讨论的就是迁厂到西部比如四川等地区，追逐劳动力成本的洼地。

与此同时，客户的刁难开始多起来了，也变得越来越苛刻。他们不仅试图进一步压价，甚至挑战成本线以下的价格。我们如果不做，立刻就有其他工厂拿走订单。我当时在贸易公司中，看得最多的就是比价系统。每有大单到来，长三角各工厂纷纷报价，最终谁家报价最低，订单就"花落谁家"。这样不尊重市场规律的无底线价格战，最终造成了恶性循环，让整个行业在失序的路上狂奔，以致亏损的工厂比比皆是。

在这种背景之下，我们公司也无法置身事外。为了生存，我们对客户的一再压价选择了妥协，因为有那么多的员工要养家糊口，没有了订单，他们怎么办？金融危机引发的狂飙、竞相压价带来的后患，让很多代工企业命悬一线。

吴晓波在《激荡三十年》里曾如此总结中国制造的"崛起"："廉价，廉价，还是廉价，这是'中国制造'制胜的唯一武器，也是最令世界难以抵挡的竞争力。"2018年年底，吴晓波进一步发表了一个观点:"物美价廉"让中国制造长期处于市场话语权的最末端,每一次经济周期都会让中国制造企业动荡不安,有限的利润空间让中国制造业抗风险力很低。

尊严的重量

其实困扰我们企业的,不只是缺乏自主品牌而造成的利润微薄、金融危机引发的业务量骤降和无序竞争导致的竞相压价,还有尊严的丧失。

记得当时我们有一批订单临近交期,几千箱货品已打包好,等待QC最后验收。这些贸易公司的验货员大多曾是工厂中的质量员,知识经验有限,但自主性非常强。他们对产品是否验收拥有生杀予夺的大权,因此衍生出诸多不良习气,其中之一就是收受红包成风。这也成为很多工厂的痛点。如若有工厂没有打点通融,验货员的刁难便层出不穷,小则导致工厂通宵达旦加班,大则成品无法出货,不得不采用高价的空运以如期交货,甚至导致品牌商索赔等严重后果。因此很多时候,企业的兴衰皆被他人操控。

令我印象颇深的是一个小伙子,他当时是欧洲一个大品牌的验货员,因为大权在握,便颇有颐指气使的意味。他指定由我们公司的总经理亲自开车,到他距离我们工厂2个多小时车程的居住地,接他到工厂;勘验工作结束后,由专人陪其吃完晚饭,再开车将其送回去。

业内人士讲,如若企业不这样卑躬屈膝,亟待验收的货品就别想顺利通过验收。对于处于产业链末端的代工厂来讲,利润本已有限,稍有闪失,不仅会导致企业没有任何盈利的空间,甚至可能造成巨大的亏损。我们企业的400位员工昼夜奋战，却需要将所获不多的利润分给中间环节的发单人员、检验人员等，这无疑将我们的利润压榨到了所剩无几的境地。

我就是在这样的煎熬中一次次反思，最后得出结论：OEM断然不是一种可持续的商业模式，简单的代加工和贸易往来，并不能给产品带来更多的附加值。代工已经走到了穷途末路。

但是，压死我们的最后一根"稻草"，是尊严的丧失。

记得有一次，香港某家公司的验货业务主管来到我们的工厂。身居要职的她高高在上、飞扬跋扈，因为一件小事，她的怒火瞬间被点燃，在200多人的车间现场里，在众目睽睽之下，她指着我们的厂长大骂，肆无忌惮地羞辱一个长者，一个一辈子在行业里兢兢业业的老厂长。

那一瞬间，我内心暗暗发誓，必须改变这样的商业模式。一个向来以高端技术、以敬业精神立世的产业卑微至此、颜面无存，就是失衡的、不健康的，我们没有再坚守的意义了。

我们企业的职工跟随我多年，且大多有家有口，他们的生存似乎都系于我一人之身。但当面临内忧外患时，我甚至连他们的温饱和尊严都难以保证。

我希望给那些付出巨大辛劳的员工更多的工资来改善他们的生活，希望他们不需要用加班来换取维生的收入，希望他们工作的环境更好一些，希望他们活得更体面，但当时的企业已经面临难以为继的严重亏损状态。所以，尽管我热血澎湃，彼时，却找不到未来的方向，不知道该何去何从。

05 回国，艰难的代工之路

成为中国的Max Mara

2011年年底，整个企业的形势已经到了无可逆转的地步。作为与国际奢侈品合作多年的供应商，我一直在思考一个问题：为什么我们完全没有定价权，任由国际品牌商压榨我们的利润空间？国际品牌商连几美分一件的衣服都锱铢必较，不肯让利分毫给我们，却以20~50倍的溢价将衣服卖给终端消费者。优质的羊绒原料是中国产的，我们自己也有高端的核心技术，生产制造更是我们完成的，为什么贴了牌，这些衣服身价就能涨上去几十倍甚至上百倍？

同时，我更在问自己：做企业的终极意义究竟是什么？难道就是仰人鼻息，为生存挣扎？难道就是放弃尊严，去做违背内心的事情？这些无人回答的"天问"，每一分、每一秒都在撕扯我的神经。

那时，我的内心始终有个声音，如黄钟大吕般回响：你曾经引以为傲的雄霸全球的创新技术呢？你那一腔虽千万人吾往矣的孤勇呢？你曾经于心中描绘的灿若云锦的宏伟蓝图呢？

壮志未酬身先"死"，也许是人生最大的不甘了吧。

我相信，有的是消失的企业，但永远没有消失的产业。选择得过且过，只能是坐以待毙，在破中立，无生万物，才能开辟出一条未来可期的阳光大道，我们这支技术精良的团队，需要以整饬一新的面貌去定义未来了。

2011年的国庆，全厂几百名员工连续通宵奋战，终于完成了一批订单，随后将货物装车去港口。深夜时分，我才去工厂对面的餐馆解决当天唯一的正餐。疲惫不堪的我在恍惚迷离之中，一不小心撞到了餐厅的玻璃，顿时血流如注。那一刻，也撞到了我心中最深的痛楚——难道中国企业,就应该为国际大牌一直做"嫁衣"吗?

于是,我决定彻底放弃现有模式,哪怕从头开始,也要结束这样低端制造的商业规则。

我内心想:我们从此再也不会走那条路了。那条路已经把我推到死角,三面都是墙,无路可走。局势很清晰:只有天空还剩下一条路——我要成立一个属于我们自己的品牌,一个属于内蒙古人的品牌,一个属于中国人的品牌。

痛定思痛后,我们全面停止了代工生产,结束了长达10年的为国际品牌服务的历史。我不再为Max Mara做制造商了,我要成为中国的Max Mara!

2011年年底,圣诞节前夕,我发邮件和客户一一告别,一夜之间将业务清零,这也意味着我们将自己投入了生死难料的"海域"。

但站在2022年,我回头看做代加工的这段历程,愈发感到它的不可或缺。其实这也是中国千千万万制造企业迈向国际的路径的缩影,是我们无法逃避的历史。

在这10年里,我们的工厂服务过大量国际奢侈品品牌,把中国最好的原料、最精湛的制造水平和工艺,都浓缩进了产品中。我们凭借追求卓越的精神,获取了大量的海外订单,在整个中国社会蓬勃发展的改革大潮中,积累了极为珍贵的生产经验,并孕育了一支特别能打"胜仗"的产业工人队伍班底。

从采用传统手工梭织工艺的纺织工,到成为掌握自动化知识的现代产业工人,我带领团队实现了蜕变与超越。我们凭借技术与勤奋,在国内行业领域中达到了一个令人称叹的新高度。直至今日,这些深入我们掌纹的非凡技艺与自信,依旧是我们品牌的制胜之道。

我一直都非常欣赏泰戈尔的那句诗："只有经过地狱般的磨炼，才能炼出创造天堂的力量；只有流过血的手指，才能弹奏出世间的绝唱。"与所有经受过命运磨难，并无畏征途的勇士共勉。

我相信，有的是消失的企业，但永远没有消失的产业。

选择得过且过，只能是坐以待毙，在破中立，无生万物，才能开辟出一条未来可期的阳光大道。

只有经过地狱般的磨炼，才能炼出创造天堂的力量；只有流过血的手指，才能弹奏出世间的绝唱。

当年我离开内蒙古的时候,很多人都说我做的是一个荒谬离谱的抉择,但我说:"燕雀安知鸿鹄之志哉!"

2012年的那个春天,我伫立于人潮汹涌的上海外滩,告诉自己:一个新的起点开始了!我当时的孤注一掷,无疑源自内心的强烈感召,正像我曾经在

06
做中国人自己的品牌

日记里所写的那样:"我就是那个永远在奔跑的草原小姑娘,带着蒙古族的气息、不变的秉性,甚至有点木讷和不谙世事的执着,行走在内蒙古、上海与世界之中,去实现我的梦想。"

2012年5月28日,沙涓上海旗舰店在黄浦区老码头3号库正式启幕。

静心守一：一个民族羊绒品牌的"隐形冠军"之路

> 哦，再见吧，大海！
> 我永不会忘记你庄严的容光，
> 我将长久地，长久地，
> 倾听你在黄昏时分的轰响。
> 我整个心灵充满了你，
> 我要把你的峭岩，你的海湾，
> 你的闪光，你的阴影，还有絮语的波浪，
> 带进森林，带到那静寂的荒漠之乡。

这首《致大海》是俄国浪漫主义诗人普希金的一首抒情诗，全诗表达了诗人追求光明、讴歌自由的思想感情。但我每每读起，都会联想到自己当年怀着破釜沉舟的心情，带领企业艰难转型的过程。

那是一条荆棘丛生之路，荒草萋萋，猛兽环伺，一不小心，一身孤胆的探险者也许就会成为创业路上的一堆白骨。但勇士前行，唯有以"锋刃"开路。

品牌转型的突围之道

我曾经特别骄傲自己是国际奢侈品品牌的供应商。我们在过去十年当中沉浸于此,这样的自我陶醉就像温水煮青蛙,起初我们浑然不觉危机所在,只是一味沉溺其中。

但这样的状态随着历史进程和大环境的改变,日益显出巨大的弊端,当我们走到穷途末路时,才惊觉已四面楚歌。而当我结束为爱马仕、阿玛尼做代工,和他们说"再见"的时候,我们只剩下了一堆停在那里的机器。

于是,我越来越深刻地意识到,如果没有品牌,没有能在国际上立足的名字,没有让更多人记住基于这个品牌的文化与思想,那么,我们无与伦比的优质资源、我们精工细作的匠人精神,都只是"为人作嫁"的工具。

在我看来,近些年来,中国制造在世界各地越来越被认同,特别是在高端制造方面还拥有了一定的美誉度,在这个基础上创造自主品牌,是最好的时机。

有人说,冒风险是需要勇气的。但我愿意"铤而走险"。

也许一切新生都带着一种撕裂的痛苦,在初步探索的过程中,我数度面临崩溃:作为一个纯正的技术派,我没有独特的产品创意,更不懂高端品牌运营;更致命的是,从2008年金融危机开始,连年代工亏损已经耗尽了我所有的资金储备,一夜之间砍掉了占业务收入95%的出口订单,无异于雪上加霜。那种弹尽援绝的"末日"之感令我惶恐不已,更何况品牌运作是一件"烧钱"且根本无法预料结果的事情,如何转型,如何开创局面,都成为摆在我面前最大的难题。

我曾经在全世界各地行走,看到不少羊绒奢侈品牌都有自己独具魅力的设计,其中很多原材料来自我的家乡。但是,很少有品牌会推广宣传内蒙古丰饶的物产、多彩的人文,他们只把更多的战略定位放在品牌溢价上。多年之后,当我重新思考我们要往哪里走、思考产业转型升级的时候,我说,我要建立一个以羊绒为主的品牌,让我们辽阔壮美的家乡、得天独厚的羊绒资源也能为世人所见,让我们中国的羊绒品牌也能在国际高端市场上扬名立万。

当年,我以所有可以抵押的包括房产在内的财产做赌注,开始了产品的研发和培育,成为中国成千上万转型大军中的一员。

用复旦大学管理学院市场营销学系教授蒋青云的话来说,从供应商向终端走,自己创一个品牌,是"纵向一体化",这无疑是非常困难的一件事情。当他问我在这个过程中遇到的最大挑战是什么时,我坦言:"品牌出发时,我除了有很好的供应链和技术工人,其他什么都没有。没有市场,没有设计,更不要说品牌体系了。沙涓应该说是中国传统制造业转型升级的最典型代表。"

"制造业转型升级"这句话说起来特别容易,可是做起来没那么简单。当时,所有人都反对我,业内的人都说:你看前一年某品牌拿了四五千万出来,第二年全"烧"光了,什么都没有做出来。

所以当时的我非常茫然,压力巨大,是真的边学边做:一边请教全球的咨询专家、奢侈品管理专家,一边重新梳理产业链系统——我们有什么?什么是我们的"撒手锏"?缺什么,就一块一块往里补充。

我是一个执迷于技术与质量近乎痴狂的人,这让我在筹划品牌的过程中忽略了文化创意,导致产品缺乏强烈的感召力,另外,我敏锐地意识到了低价快销的商业模式的定位错误，这一模式也让我们失去了在大浪淘沙的市场上站稳脚跟的能力。

所幸我做了充分的调研，从2008年开出第一家测试店以后，我用了足足5年时间思考与调整：沙涓究竟要成为什么？是ZARA那种快消品？还是鄂尔多斯羊绒这样的国民所好？抑或是将自己打造成爱马仕那样影响全球的品牌？

全球市场品牌林立，我们拿什么去区隔别的品牌？这是一定要想明白的。因为无法复制别人，我选择了将文化和艺术与品牌进行深度结合。中国传统文化博大精深，是华光四射的文化瑰宝。我们建立的是中国品牌，要传播中国的声音，所以我们要从历史文化当中抽取中国元素的独特属性，然后将其输出到世界各地。这就是我们区隔于爱马仕，区隔于其他任何国外品牌的法宝。最终的事实告诉我们，这条路我们走对了！

另外，由于顶级羊绒是特别珍稀的原料，属于"软黄金"，成本非常高，不适合大规模生产，所以，我们将自己的品牌定义为"小众品牌"。而小众品牌可能就意味着销量上不去，创业会更加艰难。

我也曾经思考过只做羊绒，只在冬季销售。但这是多么可怕的事情，其他季节该怎么办？在思考过程中，我受到了西蒙教授很大的影响。作为一个小众品牌，怎么突破这个问题？有两个方法：一个是全球化，我在全球寻找那部分小众客户，然后只服务这部分客户；第二个就是打破边界，进入生活美学，进入奢侈酒店，进入豪华游艇，进入私人飞机——这就是我们打破局限的最好方式。

纵向贯穿全球市场，横向跨越产品边界，这样双向结合、纵横捭阖，是小众企业一体双翼下的突围之道。在这个突围的过程中，我也开始疯狂"补课",但这次要攻克的不是当年文科生转换为理科"跑道"的障碍,而是进一步夯筑起技术支撑下的制造业基础,弥补打造奢侈品行业的专业知识,将产品与艺术融合,去进行市场搭建,品牌突破,谋划国际化运作等。

无数"天堑"都需要我去逾越,所幸,我没有堕入"万丈深渊",相反,却渐渐走出了一条"康庄之路"。在当年纺织业面临严峻考验、我们的企业生死攸关的大背景下,我们用自己的故事告诉了大家,不是一切向钱看才得以存活的,并非一味提高效率就能走出国门,在诸多左右企业命运的因素中,"人"才是更值得关注的重点部分。当沙涓决定品牌转型,摆脱榨取劳动附加值的代工厂模式,试图让员工走出不对等的生产状态,以品牌和文化来拼一个明天的时候,很多坎坷和幸福都已注定。

虽然事后回忆起整个过程显得云淡风轻,但唯有置身其中,你才能深味悲欣交集的甘苦。2008年到2012年,转型的过程让我赔光了所有的积蓄,同时,我不忍心裁员减薪,不忍心跟随我那么多年的员工走上失业的道路。要知道,他们每个人都身怀绝技,有众多独门诀窍,是行业的"宝藏"。一旦解散了工厂,我就永远不会再聚起这样的精英团队了。世界上众多制造企业的经历都告诉了我们一个教训与经验:产业工人一旦消失,想再重塑制造业谈何容易。正所谓"皮之不存,毛将焉附?"美国政府多年来呼唤制造业回归,但最大问题是产业工人的不足。

因此,我将这支始终和我休戚与共的团队一直带到了今天。我们风雨同舟,彼此成就。

创业维艰,筚路蓝缕。但我想,无论经历了什么,都不过是上天送给我们的一份独特的"礼物"。它没有华丽精致的包装，也不会让我们在收到时欣喜若狂，但它的意义恰恰在于，让我们借此在战胜困厄的过程中发掘自己生命的无穷能量。

Sandriver沙涓的诞生

当年我离开内蒙古的时候，很多人都说我做的是一个荒谬离谱的抉择，但我说："燕雀安知鸿鹄之志哉！"多年后，我正式创立了属于中国的本土羊绒品牌——沙涓羊绒。

就是在2012年的那个春天，我伫立于人潮汹涌的上海外滩，告诉自己：一个新的起点开始了！我当时的孤注一掷，无疑源自内心的强烈感召，正像我曾经在日记里所写的那样："我就是那个永远在奔跑的草原小姑娘，带着蒙古族的气息、不变的秉性，甚至有点木讷和不谙世事的执着，行走在内蒙古、上海与世界之中，去实现我的梦想。"

2012年5月28日，沙涓上海旗舰店在黄浦区老码头3号库正式启幕。

我们选择将品牌旗舰店开在老码头，就是看中了这里的海派品味——精致而美好，时尚而浪漫，与沙涓追求的品牌风格一致。开业当天，我们邀请了法国当代艺术家弗朗西斯卡·布兰达·密特朗（Francesca Brenda Mitterrand）联合发布了艺术展。沙涓从诞生那一天开始，就是跟艺术相交融的，而这种交融一方面来自我们对艺术的热爱和欣赏，另一方面出于我们源源不断的创新创意需求。虽然今天我们可以看到，品牌跨界与艺术家合作已经成为商业操盘中的惯用手法，但在10多年前，这样的跨界合作能成为一个十分具有前瞻性的、轰动行业的大新闻。

沙涓的英文名叫"Sandriver"。自品牌创立伊始，沙涓就在诠释着品牌创意的初衷：当干燥的北方沙土遇见上善的河流，大地就悄然生成了孕育草木植被的魂灵，就会有充满了勃勃生机的绿洲，它是生命的希望。同时，草原情怀与海派文化彼此参照，东情西韵水乳交融，沙涓独特的风格就此形成。

绝境中的工匠精神

全线转做自己的品牌，我们也开始从劳动密集型企业向创意设计驱动的国际艺术高端品牌企业转变。但要把羊绒变成艺术品，充分实现沙涓的雅致生活定位，不亚于"西天取经"之路，其间也要经历"九九八十一难"。

所有人都没有现成的经验，有诸多壁垒需要打破。沙涓的打法是从自己的优势入手，从技术派的"硬实力"中去探寻品牌"软实力"的突破点，为此首先必须清除"服饰属于低端制造业""打版生产"等大众心目中的固着观念。

因此，我们首先至少要突破技术难关，并做好内容选择。

第一个要着眼的是：羊绒产品从未成为过画布，无论是用笔直接在羊绒上描画，还是用机器把彩墨印在羊绒上，都要攻克羊绒洗涤不褪色、不掉毛、环保达标等难题，包括色彩不能真实还原、颜色差距大、色彩重叠产生的模糊失真，以及天然原料与色牢度相互冲突、渗透度过大等技术障碍。

考验层出不穷,但是我们拥有长达10年为国际奢侈品牌做供应商的背景,还有在上海市金山区山阳镇的研发配套基地,不仅拥有一批业务精湛的产业技工、功底雄厚的研发人员,更掌握了制造的核心技术,坐拥世界首屈一指的专利。因此,对于攻克那些技术难关,沙涓是有信心的。

我们信心满怀,但在研发实践中却障碍重重,各种试验屡次失败,无比贵重的羊绒原材料在投放失败后被大量消耗。"水到绝处是风景,人到绝境是重生。"我们数次协调专业的染色、织造、印染工艺、坯布研发等部门的行家里手,成立了阵容强大的团队,针对以上项目进行了广泛的探讨与研究,做了多次艺术作品产品化的大规模试验,进行了产品二次开发的可行性研究、环保测试、天然颜料研究等一系列的工作,共同谋求技术难题的解决。

最终,3D印染技术、3D智能识别打印技术的成功研发,使新工艺在羊绒材料上有了重大的突破,让羊绒材料焕发了新的生命。尤其是沙涓的数码印染技术采用绿色环保的传统活性手工印染方法,达到了世界一流水平,可在薄如蝉翼的羊绒织品正反面印上艺术作品,放眼国际市场,能在高端羊绒领域做到这一点的企业寥寥可数,我们为此申请了多项专利。

能获得多项技术专利,不是朝夕之功。我一直秉持"追求卓越""产品至上"的策略,因此我将自己定义为"产品家",直到今天品牌成立已有10多年了,我始终保持着每一款产品必须亲自试穿把关的习惯。在这个过程中,我不断"吹毛求疵",然后在此基础上一次次修改完善。就是这种被奢侈品供应系统磨炼出来的工匠精神,让我们在极少有市场营销费用的情况下走向了全球。

民族的，才是世界的

我曾经思考过一个问题，为什么世界四大文明古国，只有中华民族历经5000多年的沧海桑田，历经频仍的战乱，仍然屹立于世界民族之林？我想，除了宏大的叙事和具体而微的原因，更有一种别于他族的文化基因，以强大的生命力形成巨大的凝聚力，才让一个民族绵延不绝、长盛不衰。

因此，当无数游子吟诵"慈母手中线，游子身上衣。临行密密缝，意恐迟迟归"时；

当慷慨悲歌之士高唱苏子的"大江东去，浪淘尽，千古风流人物"时；

当慕名而来者流连于苏州园林，为它的廊亭迂折、叠山秀水沉醉不已时；

当羁旅行客驻足于敦煌，为飞天广袖长舒、翩然若仙而叹为观止时……

民族文化的魅力被展现得淋漓尽致。

回溯我国的羊绒行业，已经有几十年的发展历史，其间大致经历了三个阶段。最开始，我国的羊绒制品市场主要被西方欧美国家垄断，国内虽然有优质的羊绒资源，但无论是制衣技术还是品牌文化，均远远落后于国外；20世纪80年代，中国的羊绒企业从原料加工业逐步发展起来，诞生了一批知名企业，我国由产绒大国迅速发展成为世界第一羊绒加工大国和产品出口大国；80年代后期，中国结束了单一的无毛绒出口，羊绒加工业开始由粗加工向深、精加工发展；到了90年代，随着中国外贸进出口权的放开、国内羊绒生产工艺的提升，中国的羊绒产品迅速涌入国际市场。以鄂尔多斯、鹿王、雪莲为代表的中国羊绒企业励精为治、奋起直追，用短短30多年的时间走过了西方近200年的羊绒工业化道路，中国成为世界羊绒制造业的绝对主力。

自21世纪以来，随着我国居民消费水平的进一步提高，国内对羊绒的消费需求也不断攀升，羊绒企业与日俱增。2001年中国加入WTO后，羊绒产品出口尽管增长很快，但还是在低价位上徘徊，与国际市场的价格差距较大。在国际市场，卖价高的羊绒制品大部分是发达国家老牌企业的名牌产品，比如法国的爱马仕，意大利的诺悠翩雅、布鲁诺·库奇利（Brunello Cucinelli），英国更是拥有以众多供应商为背景的品牌，在全球高端市场占据岿然不动的高位；而中国，没有一个羊绒品牌在全球进行市场拓展。

每一个国际化品牌，都在讲述自己的故事，都在进行文化输出，而我们不能再做这些国际奢侈品品牌背后的角色了。我们需要站出来、走出去，讲述中国人自己的故事——从世界工厂、世界市场，到成为世界品牌。

面对这一挑战，众多的业内人士一致认为，中国羊绒企业从终端肉搏的态势进入高端品牌的崛起，是发展的必然趋势。羊绒的品牌力建设是当今羊绒业的必经之路，也是当务之急。但品牌力如何打造？

有一年我去参观国际艺术画展，看到那些画在纸上的艺术作品以天价被拍卖出去的时候，突然醒悟了：作为载体的纸张，再贵也只能卖出纸钱，而在纸上用画的形式把人类智慧的精华留下来，这张纸就不再叫"纸",而是叫作"画"了,也就再也没有人用纸的成本来衡量这张"画"的价格了。推而广之,为什么我们不能把服装做成艺术品呢?以羊绒产品做载体,让文化与艺术赋予其精魂,岂不是提升品牌附加值的绝好办法?

2012年,艺术羊绒品牌沙涓正式创立时,我做了一个大胆的决定,那就是要让艺术成为贯穿品牌文化的基因,成为凿穿中西方文化壁垒的一柄刻刀。当我们将品牌定位于"走融深厚的民族文化、新颖时尚的现代气息于一体的顶级品牌之路,打造高科技含量的艺术化羊绒产品"之后,文化创意的重要性便凸显出来了。

将文化元素植入产品,塑造出物质效用与品牌精神高度统一的境界,超越时空的限制,带给消费者更高层次的满足、心灵慰藉和精神寄托,在消费者心灵深处形成潜在的文化认同和情感眷恋,这才是品牌真正的竞争力。

过去我们以供应商的身份接触国际品牌时,很难有议价权。而未来我们中国品牌要做的,就是与成本脱钩,实现以文化创意促进品牌的溢价。这是从代加工向品牌转变的必然结果,也是从优质低价向国际奢侈品战略转变的通途。

于是,我走上了一条痴迷地研究艺术与产业相结合的道路。在设计中,我们充分汲取了传统文化的精髓,使其与羊绒产品产生亲密的连接,使传统文化和现代工艺跨越时空进行交流,为每一件羊绒制品都镌刻上文化与艺术的鲜明徽记。由此,文化创意也为我们的品牌插上了腾飞的翅膀。

携手农民画

初到上海金山时,我才31岁,正是对海内外艺术品及设计无比狂热的年龄。有一天,我的朋友送给我一幅农民画,它用非常普通的塑料框装裱,是我不假思索收下的礼物之一。

这幅农民画充满浓郁的乡土气息,又朴中见雅、拙中藏巧,深深感染了我。那是我第一次知道,在远离繁华大都会的小镇里,居然会有如此生机盎然的绘画形态。也就是这幅画作,引导我更多地去关注金山农民画。

金山农民画起源于20世纪50年代末的民间艺术,是从田亩垄野间脱颖而出的美术支流,以江南地区喜闻乐见的民俗情态、外拙内巧的艺术风格著称于世。他们的画作,以简洁纯真的笔触、明快强烈的色彩、夸张变形的构图,在展示大千世界的同时,更不乏浪漫主义的气质。

也许,世间的一切美好遇见都是一见如故的投契,更是灵魂的同频共振。我正是在寻访金山农民画的过程中有幸结识了"中国民间工艺大师"季芳老师,才有了后来我们难忘的合作。

作为金山农民画画家的集大成者,季芳老师的作品有着强烈的生活气息和艺术表现力,譬如她笔下的《吉祥猪》,以吉祥中国红作为画作底色,呈现出吉祥猪们娇憨十足的情态:或低头吃食,欢喜满足;或身躯略伏,蓄势待发;或三五簇围,似在喁喁私语。灵性的活力与庄谐相生的意趣跃然画上,令人忍俊不禁。

季芳的创作理念与我们的"走融深厚的民族文化、新颖时尚的现代气息于一体的顶级品牌之路,打造高科技含量的艺术化羊绒产品"的宗旨显然是一致的,于是,我们一拍即合,季芳老师成为我们第一

静心守一：一个民族羊绒品牌的"隐形冠军"之路

以金山农民画《吉祥猪》为底稿的方巾闪耀巴黎

个合作对象。2015年，我们携手季芳老师，将上海本土的民间传统艺术——金山农民画延伸至我们的羊绒艺术品，并在世界时尚舞台上大放异彩。我记得当《吉祥猪》羊绒围巾徐徐展开的瞬间，巴黎时装周的展馆爆发出兴奋的欢呼声与尖叫声，来此"寻芳猎艳"的人在一条围巾上发现了民间艺术的别有洞天。

金山农民画所传递的，是一种乡土文化的温情。正是这份洋溢着活力与纯朴的温情，成就了艺术弥足珍贵的魅力。如果感受不到作品真挚的乡土情怀，是无法理解艺术迸发的活力的；如果感受不到艺术背后灌注的文化力量，也就无法体会到这种独特的艺术所具有的极大张力。

我们的羊绒制品以天然纯正的质地，恰到好处地承载了这份乡土情怀与文化力量，也因此成就了一个品牌的佳话。

飞天入梦

国学大师季羡林曾说："世界上历史悠久、地域广阔、自成体系、影响深远的文化体系只有四个：中国、印度、希腊、伊斯兰，再没有第五个，而这四个文化体系汇流的地方只有一个，就是中国的敦煌和新疆地区。"

敦煌作为古代丝绸之路的中西交通中转站和西域门户，曾出现过"使者相望于道，商旅不绝于途"的盛景。此外，敦煌还以敦煌莫高窟、敦煌壁画驰名中外。

几年前，我们应邀深入敦煌研究院，全面了解敦煌悠久的历史渊源，深入挖掘东方文化的瑰宝。我们穿梭其中，也仿佛穿越了千年的时空，我们不仅为古老的丝绸之路昔日的繁华而赞叹，被精美绝伦、巧夺天工的壁画所震撼，更由衷地为祖先的灿烂文化而骄傲。

在此期间，我们带领设计师团队进行洞窟调研，与研究院彻夜研讨最佳方案，在变化中寻找平衡，在妙思里萃取火花。在我心中，敦煌是中国乃至全世界无可比拟的艺术宝藏，关于它的衍生品的所有构想与设计，都应该在尊重历史和敦煌文化的前提下进行。

离开敦煌时，大家都有一个共同的心愿，就是一定要让全世界了解敦煌文化，让更多人感受到这颗璀璨的东方明珠被拂去历史尘埃后的光彩。之后，我们创作了近50幅敦煌系列绘画作品，其中传达出超凡的境界之美，散发着诗意与禅悟的智慧之光，心师造化，气韵飘逸，东方之典雅与西方之浪漫交织，凝聚着一种令人无比沉醉的魅力。

在数月的钻研与摸索中，经历一次次失败、一次次实验，最后，每幅画耗费了60条围巾，终于呈现了羊绒艺术化的最高水准。2016年11月25日下午，敦煌设计系列发布会隆重开幕。60多位国内外文化界知名人士、商界精英、时尚设计界嘉宾齐聚一堂，共同见证了一场国际高端艺术和时尚新品发布盛会。在发布会上，十几条图案各异、别具匠心的羊绒围巾惊艳亮相。"丝路意韵"系列采用了内蒙古阿拉善顶级的羊绒品种，使用200支高精纺的羊绒纱线，同时运用数码印花技术，完美体现了设计师非凡的创意和斐然的才情，全世界独一无二，充满了艺术气息和时尚品味，一经发布，好评如潮。

敦煌，是举世瞩目的东方艺术圣地，仅仅用一位画家的几十幅作品，远不足以展示其魅力，需要有更多的艺术家参与，让全世界的人都能了解敦煌、了解中国文化，这也促成了我们的"敦煌计划"。

2017年，沙涓的敦煌计划全面启动。在启动仪式上，我做出了诚挚的表态："今天，仅仅是我们启动'敦煌计划'的第一步，'敦煌计划'已被列为公司羊绒艺术化的战略内容，并和敦煌艺术研究院达成共识，未来还将和更多的艺术家合作，把敦煌主题的艺术精品以时尚羊绒为载体，将世界文化遗产以全新的形式推广至全球。"可以想象，当世界消费羊绒奢侈品的主流人群打开胸前柔软珍贵的沙涓艺术围巾，向朋友展示神秘而华美的古东方敦煌文化时，中国文化的输出其实已在进行。

"敦煌计划"全面启动后，通过团队的精心策划，设计出了诸多具有敦煌元素的艺术作品。在敦煌莫高窟492个洞窟中，乐舞造型随处可见，又以飞天为数最多，可谓"天衣飞扬，满壁风动"。飞天被称作中国艺术家最天才的创作，是敦煌艺术的标志。只要看到优美的飞天，人们就会想到敦煌莫高窟艺术。

敦煌飞天，不仅仅是一幅幅艺术作品，更是历史文化的再现，有着至高无上的审美。它把绘画艺术和舞蹈艺术结合起来，展现了中国文化独有的风貌。沙涓以大唐盛世时期的飞天造型，创作了《双飞天》：此时，纤柔的羊绒仿佛成了一幅承载艺术家才思的画布，让一千多年前的女子仙气飘飘，腾空起舞，营造出李白笔下"素手把芙蓉，虚步蹑太清。霓裳曳广带，飘拂升天行"的优美意境。

在时尚造型里融入敦煌元素，无异于让敦煌"复活"。比如我们的"灵鹿"围巾，就是取材于"九色鹿"传说，将神话故事糅合进生活美学，从而创造出更具东方神韵的艺术佳作。此外，"三兔共耳"的纹样，"萨埵太子本生"的感人故事，均被设计师以不同的灵感呈

静心守一：一个民族羊绒品牌的"隐形冠军"之路

敦煌飞天（第三百一十八窟）·盛唐

06 做中国人自己的品牌

静心守一：一个民族羊绒品牌的"隐形冠军"之路

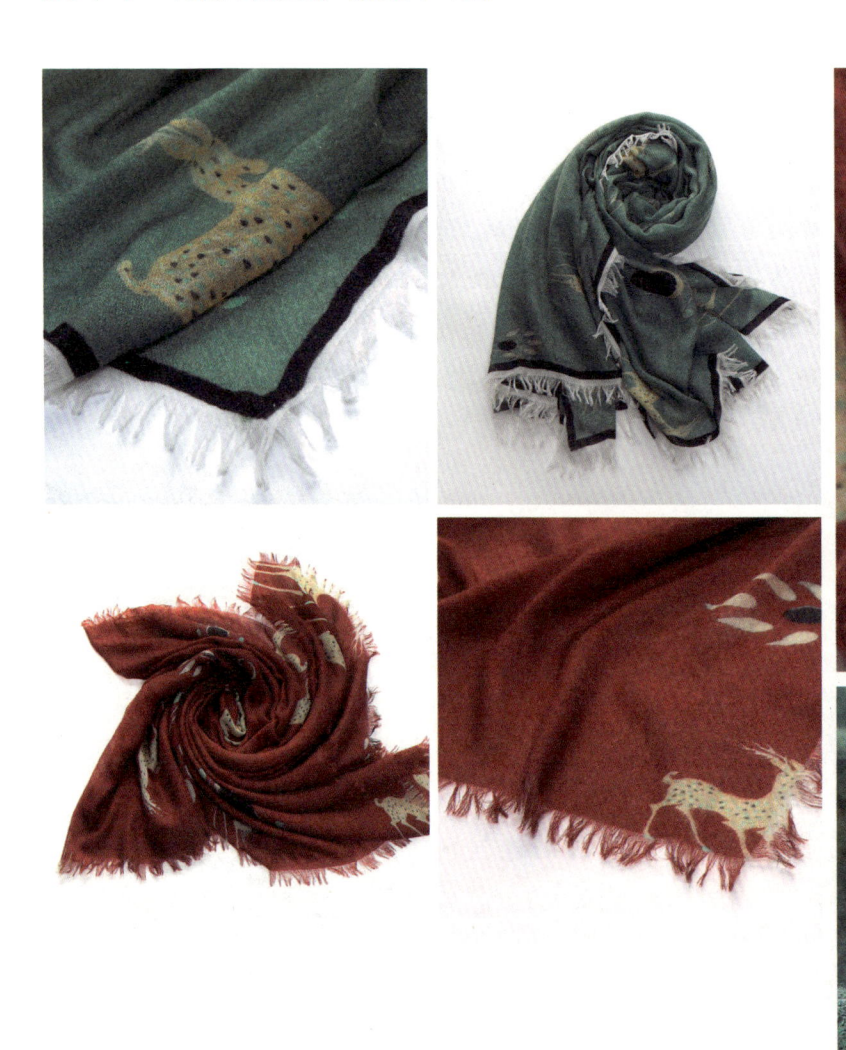

羊绒印花艺术披肩之敦煌九色鹿组图

06　做中国人自己的品牌

现在敦煌衍生品——"福禄寿"包袋之上。这份一以贯之的敦煌精神串联起的,是一代又一代人对敦煌的朴素理解与美好认知。

让羊绒成为现代时尚艺术与古老文明沟通的桥梁,向世界打开了敦煌神秘、辽远、深邃、奇美的画卷,让千年古老文明继续延伸。把最优秀的艺术形态,以羊绒服饰的形式展现出来,既宣传了经典的文化艺术,又让羊绒产品具有了更高的品位和更丰富的内涵。沙涓的敦煌系列作品生动地诠释了"画在人身,人如在景中"的随身艺术概念。当敦煌系列作品一次次在国内外展出时,很多人仿佛听到了古老丝绸之路的驼铃又隐隐传来,也宛如看到脚踏祥云的飞天凌空而下。

取色故宫

北京故宫是中国明清两代的皇家宫殿,旧称紫禁城。联合国教科文组织世界遗产委员会对故宫的评价是:"紫禁城是5个多世纪以来中国的最高权力中心,它以园林景观和容纳了家具及工艺品的9000多个房间的建筑群,成为明清时代中国文明无价的历史见证。"因此,故宫从某种意义上说,代表了中华文化的精髓,也是沙涓作为艺术羊绒布道者一直致力汲取的艺术之源。

当紫禁城遇上羊绒围巾,会有怎样奇妙的反应?想必这是很多人非常想知道的答案。当沙涓推出纯色刺绣的中国传统五行色羊绒围巾时,不少人都为宫廷文化以如此生动的形式展现而惊喜不已。

《尚书》里写道:"以五采彰施于五色,作服,汝明。"其实早在春秋时,古人便定下"青、赤、黄、白、黑五方正色也"。而这些中国最美的基本色,都可以在故宫里找到影子。大到宫廷楼阁,小到服装用具,五行色中凝聚的诗意盎然,往往令这些建筑与物什焕发出耀眼的光彩。正所谓"一座紫禁城，半部色彩史"，在600年的风雨中，它们的颜色已斑驳，但其映照的中华文明的光芒却明朗如初。

我们的五行色羊绒围巾，便是以故宫的五色作为底色。色彩纯而不艳、雅而不俗，每一种颜色都纯正高级，堪称至美。有的颜色的调色中还加入了水墨，使其更有历史沉淀的岁月感。既然从紫禁城取色，便让色彩承接了千年古韵的悠悠味道。

而刺绣款的灵感皆取自故宫博物院馆藏的后妃服饰纹样。梅、竹、玉兰、牡丹、海棠等纹样既是曾经的妃嫔们钟爱的服饰纹样，也彰显着这些女子的品格。设计师创意性地提取了宫廷后妃氅衣上的绣花，在配合五色的基础上，将手推绣与再设计的纹样相互结合，美不胜收。

我们可以设想这样一幅场景：在一个枫叶飘零的秋天，有人将汇聚了故宫元素的围巾披在肩头，静静倚靠朱墙，眺望气势磅礴的紫禁城，情不自禁地赞叹："金阙九千泛浪色，丹墙一院壮巍峨。"

如果说五行色围巾让我们感受到了紫禁城的流芳余韵的话，那么，"千里江山"系列围巾则让我们看到了秀美山河与羊绒的"天作之合"。

徽宗政和三年（1113年），年仅18岁的天才宫廷画家王希孟，仅用半年就绘出了"出人意表，光华灿然"的鸿篇巨作《千里江山图》。元人溥光言："独步千载，殆众星之孤月耳。"沙涓的这款锦绣山河在外、软糯阿拉善羊绒在内的艺术羊绒围巾，对《千里江山图》这幅旷世佳作的两个局部画面做了着意强调；在色彩的处理上，我们也颇具匠心：以矿物质石色、赭色、汁绿、石青、石绿、赭石色，多种颜色交织出丰富的层次感，于参差错落中让人顿生"我见青山多妩媚，料青山见我应如是"之感。

一代才子去如流星，千年风烟亦飘忽而逝，但将壮美河山的神奇画卷披在身上，便如同携带着万般诗意行走于人间。

帛画为媒

"春分，唤醒冬季的沉闷，暖光微照，万物复苏。鹤群缓缓振翅，乘时而起，姿态万千。"

"金秋山谷，夕阳渐远，朦朦胧胧，雾气缭绕，犹如人间仙境。通过山水和云气的组合，强烈的节奏对比形成了丰富的韵律，试图营造一个超凡的隐世幻境。"

这是中国著名帛画大家穆益林先生在《天地皆诗之春分》与《天地皆诗之空谷凝秋》这两幅画中描绘的场景，无一不昭示着四季之美、自然之美。这位国内外知名的艺术家，以帛为媒，将大自然的瑰丽尽呈笔端。

帛画，是中国历史最悠久的画种之一，最早起源于战国中期，因以丝帛为材料，不仅呈现出绮丽细腻的质感，而且能极大地考验画师的笔力和技法。从1983年开始，穆益林教授作为中国现代帛画的开拓者，放弃了在纸本画上取得的成就，发掘和利用帛的特殊性能，创造出属于自己的现代帛画艺术。

有人说，大自然是最伟大的艺术家，山川、河流、一草一木皆如诗歌般流淌着艺术的气息。穆益林教授以天地之美作为创作的源泉，融中国之写意山水，一抒心中天地自然之大美，于是形成了"天地皆诗"系列。

无论是建筑、雕塑还是绘画，在一定程度上可以说材料决定风格，材料的质地决定成品的面貌，材料的变化引起风格的变化，材料的革新促成风格的革新。当顶级羊绒遇到中国帛画，前者的轻盈曼丽与后者的灵性洒脱巧妙融合。以羊绒为依托，帛画这一古老画种重新

帛画《春涧云归》

艺术家系列印花披肩之春涧云归羊绒围巾

焕发了活力。羊绒材质的卓越性,更是将帛画艺术的绚丽多姿推向了极致。

当穆益林教授的《春涧云归》出现在沙涓的羊绒围巾上时,清风出入山涧,驱烟卷雾,送来清爽,并吹动万山松涛,为人奏起美妙的乐章。律动的色彩,以深蓝、浅蓝、黄色、绿色等相间排列,色调明快而雅致;《天涯客NO.19 春分》则以引颈之鹤起舞弄清影,抒春日之美与夫妻之贞,为了营造绝佳的佩戴效果,我们还在四边穗的颜色上做了微妙的处理。

不得不说,羊绒作品薄如蝉翼的材质、纤柔无比的触感、渗透折光的艺术效果、超越现实的艺术想象,堪称时尚的艺术、艺术的时尚、奢侈中的奢侈。同时,为了保持作品本来的意境之美,让围巾尽显立体的美感,沙涓在复染原基础之上加入条纹元素,层次感瞬间错落而出。多种文化元素同色彩有机融合,让"穿在身上的山水意境"成为现实。

"云蒸霞蔚入画屏,梦幻七彩染碧空。"艺术羊绒与中国帛画的跨界合作,可以说在材料的运用和艺术的表达上打开了全新的艺术篇章。

国粹来袭

传统文化,是一种浓得化不开的中国情结,深深地嵌入了中国人的血液和灵魂,是中国人骨子里的根。

正如甲骨文字,以形达意,以象写意,它还通过抽象的思维,捕捉了各种美的形象,成为可供欣赏的艺术品,如同悬崖顶处的奇松孤鹤,接近美学的临界态势——极端之美。十二生肖——民俗文化符

沙涓首席设计师小筱顺子设计的羊绒披肩

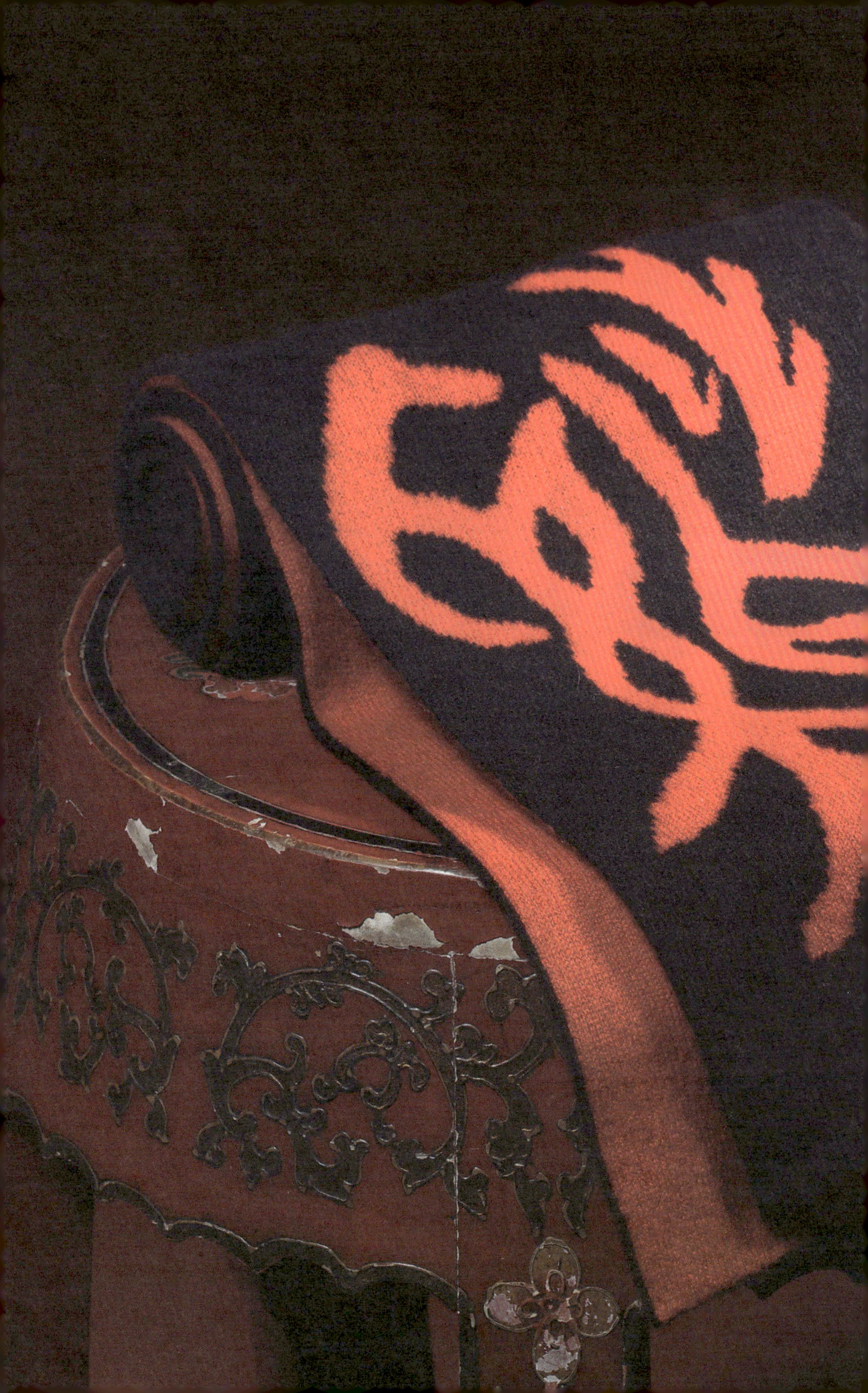

十二生肖甲骨文双面羊绒围巾——鸡

号,是民间文化中的形象哲学。2200年前,它是包含对天地、自然、人类敬畏的图腾;2200年后,它更载有佳节吉祥如意的象征意义。将沉淀着历史的文化——甲骨文生肖文字——与时尚羊绒结合,无疑是一种突破性的创意。沉睡了3000多年的甲骨文字,一经唤醒,立刻就迸发出了更强劲的生命活力。

一边是古典与现代的符号,一边是文化与精神的牵引,二者的融合,可谓前所未有。

在传统文化中有太多经典的国粹,除了甲骨文、十二生肖,中国悠久的哲学思想也是我们取材的内容。老子的《道德经》中有云:"道生一,一生二,二生三,三生万物"。沙涓的总设计师小筱顺子用深浅不一、粗细不均的线条,在羊绒上将"道生天地万物"的思想进行了演绎。

几十年前小筱顺子第一次来到中国,看到天坛和故宫,"阴阳两极"的思想就深深烙刻在了她的脑海中。天坛是圆的,故宫是方的,"天圆地方"代表了东方人对世界和自然的认知。于是,小筱顺子将这种东方文化的设计理念,延伸至自然与人高度结合的层面,让东方文化与优雅生活有机契合。

此外,她还以呼风唤雨的龙与超凡脱俗的凤凰为主题,呼应中国文化中的"龙凤呈祥"。在她的笔下,龙之威、凤之炫相映生辉,不仅象征着平顺祥和,也寄托着对国泰民安的祝祷。

就这样,中国博大精深的传统文化艺术成为品牌舞动的灵魂,创意骨髓中永远的泉流。

06 做中国人自己的品牌

沙涓玩偶之家系列

天地有大美

天地有大美而不言。除了与国内外优秀的艺术家进行合作,沙涓也不断向大自然汲取艺术的灵感:草原的一马平川,戈壁的广袤连绵,古道的荒凉冷寂,江水的川流不息,胡杨林的千年不倒……正是这片充满苍凉之美与浩荡之美的土地,滋养了我们品牌的成长和壮大。

我是土生土长的内蒙古人,18岁之前从未离开过内蒙古,因此对蒙古族文化的原生态有着最深的热爱与眷恋。质朴、本真、原生态的蒙古族文化不仅是沙涓最清澈的灵感之泉,更是赋予品牌生命力和激情的秘密武器。后来品牌推崇的3C,也是对自然的链接:关怀、匠心、舒适(Care,Craft,Comfort)。而品牌遵循的原则,更是再次强调与自然可持续发展的连接:真我、手工艺、可持续(Authenticity,Craftsmanship, Sustainability),这些宣言与口号,都与内蒙古的原始风貌和自然人文相连。

蒂芙尼(Tiffany)创始人查尔斯·路易斯·蒂芙尼(Charles Lewis Tiffany)曾说:"大自然才是最伟大的设计师。"

沙涓有不少遵循自然法则、回馈自然之母的精品佳作:带着大地的记忆、感恩厚土的针织长开衫,蕴藏海浪的记忆、富于环保精神的波浪针织V领连衣裙,关于纯净的记忆、化繁为简的针织长筒裙、短开衫披肩,等等。

我一直相信万物有灵,不止是蓬勃生长的植物,更有曾经是我们这个世界寄居者的生灵,哪怕如今的它们已经绝迹。6500万年前,恐龙突然消失,成了地球生物进化史上的一个永恒之谜;6500万年后,中生代时期可爱的小恐龙,被沙涓转化为可穿戴的艺术品,饱含着对

玩偶之家系列开心乐园兔子（左）和小羊（右）

天地自然的敬畏。

从国粹系列，到天地大美系列，沙涓用艺术的创造力去诠释时尚，用优雅的方式去传播文化，真正做到了艺术、文化与时尚、经典无懈可击的结合。

时尚大师可可·香奈儿（Coco Chanel）有句名言：时尚易逝，风格永存。我们正努力成为风格鲜明且长存的品牌，让一切热爱时尚的人们即便在多年后，仍能在艺术的天地中感受到沙涓的不朽之美。

静心守一：一个民族羊绒品牌的"隐形冠军"之路

位于上海市金山区的Sandriver艺术空间

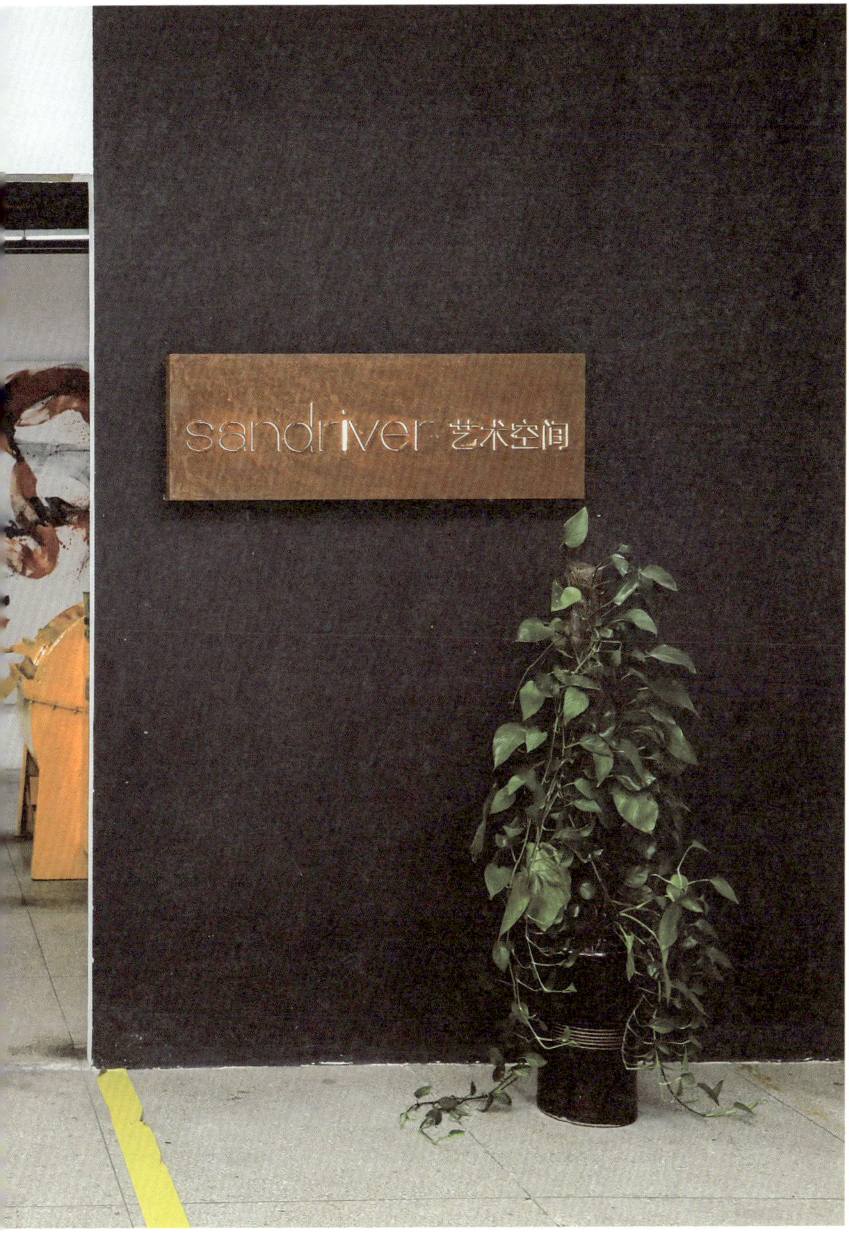
sandriver 艺术空间

为品牌插上艺术的翅膀

有人问我："什么是艺术？"

我微笑反问："什么不是艺术？"

艺术可以幽微，亦可博大。《学会艺术的生活》中有这样一句话：所谓艺术的生活，就是把创作艺术、鉴赏艺术的态度来应用在人生中，即教人在日常生活中看出艺术的情味来。

美学大师蒋勋认为，"真正的美，没有办法教，那是一种体验。"

它是一种感受力，与生俱来，只是很多人没有唤醒它。

因此，我们想唤醒它。

在沙湄的工厂，有一方专门开辟出来的艺术空间。走进这个空间，你大概会觉得自己正置身某个美术馆之中。也许有人会好奇：为什么我们工厂会出现这么一个现代派的画廊？其实，这些画作是我们创作的本源，我们的产品皆取自这些画作。我们以一些独特的手法，通过数码还原技术，将其应用到我们的产品中。所以，异彩纷呈的画廊与工厂这种制造业和流水线结合起来，是一个非常有趣的现象，它是我们从大工业制造时代的产品向创新艺术品牌发展的一个连接点。

来到产品展示区，你能看到众多充满艺术气息的羊绒制品。各种意境清新或幽邃的水墨和抽象画印染在上面，使其成为一幅幅极具观赏性的艺术品。此外，我们还不定期举办艺术家作品展、讲座等活动，使艺术成为品牌发展的内驱力和品牌文化的传播力。随着社会的飞速发展和人们审美意识的提高，有识之士已逐渐达成共识：未来将是一个雅者为王的时代，有着深刻灵魂和艺术美感的个体，更容易获得物质以外的幸福。

曾有记者问我:"国外的服装名牌很多,它们往往能在巴黎时装周上备受推崇。反观中国时装品牌则很少能登上国际舞台,您觉得差距在哪些方面?"我回答:"我们一定要明白,独具匠心的原创设计、精益求精的制作,以及文化与艺术的深度渗透,对我们中国品牌是无比重要的。"

我们所有的东西都来自中国大地,我们用祖辈留下的文化和智慧来呈现美。而这些都是中华文明历史上留存下来的精神瑰宝,超越时空,宜古宜今。如今,沙涓用当代艺术眼光重新发现它们并予以表达,形成了一种属于沙涓的艺术语言,生动地阐释了沙涓对美的理解。

艺术,无疑是品牌的翅膀,它可以突破和超越任何人世间的阻隔,穿越国界,直抵人心,它的力量和魅力是无远弗届的。

不仅如此,沙涓还成立了自己的研发中心,它的成功运营,使我们的品牌开拓出一条国际化品牌升华之路。我们不仅靠文化创意带来近亿元的国际销售额,还填补了高端艺术品市场的空白。

乔布斯曾说过,领袖和跟风者的区别就在于创新。在一次接受采访时,我也说沙涓从不模仿别人,罗马的斗兽场、巴黎的圣母院,都有它们独特的美,但这种美和我们中国是没有关联的。我们不希望自己成为一个亦步亦趋的追随者。

中国是个文化大国,中国的品牌缺少的从来不是民族文化的源流和滋养,而是"民族眼光"和"耐心"。在我看来,无论是新出现的年轻品牌,还是五六十年前的品牌,甚至我们百年之前的老字号品牌,将我们的文化与艺术融会贯通,以守成与开新的姿态,合力形成一个中华民族的矩阵,"国潮"才能"汹涌澎湃",才能在世界搅动起"漫天风云"。

———

荒草萋萋,猛兽环伺,一不小心,一身孤胆的探险者也许就会成为创业路上的一堆白骨。但勇士前行,唯有以"锋刃"开路。

在一个凡事都追求速度和效率的时代,我希望自己走得慢一点,不求宏大,不盲目扩张。

———

我入住的雅典娜酒店历史悠久，酒店的墙上挂着曾经下榻酒店的世界各国政要和名人的照片，其中就有她（小筱顺子）。而这个19岁就在巴黎时尚界崭露头角的人，就坐在我对面，听着我的梦想，跟我说"Back to Paris"（重回巴黎）。

07
邂逅小筱顺子：
高端、时尚、自然

沙涓首席设计师

1978年的夏天,一位在本国的事业已经如日中天的设计师第一次来到中国,为她在巴黎的首场服装秀寻找灵感,同时也欲寻觅东方文化的"根"。

她登上了连绵起伏的万里长城,远眺苍翠的群山时,无意间听到了一首《瑶族舞曲》,在美妙动人的乐曲中,她充分地感知了中华文化的魅力,也深深感恩在过去上千年的时间里给予日本丰沛滋养的国度。中国之行后,小筱顺子在巴黎的首次服装秀就因以"东方"为主题而声名大振。这成为小筱顺子与中国情缘的开始。

1985年,小筱顺子在北京举办了她的第一场中国时装秀,反响热烈,后来,小筱顺子在中国举办过多场设计时装秀,在不经意间扮演了中国服装设计启蒙者的角色。可以说,她见证了整个中国时装行业的发展和变迁,被誉为"一朵开在中国大树上的花"。

小筱顺子19岁进入日本服装文化学院设计系学习,尚未毕业,就已经赢得了著名时装设计奖项"装苑奖"(第七届),在业内一举成名。在日本,小筱顺子是与三宅一生、山本耀司等殿堂级大师齐名的设计师;同时,她也是中日文化交流的使者,是2010年上海世界博览

07 邂逅小筱顺子：高端、时尚、自然

会日本推广形象大使，更是被中国国家领导人接见过的日本设计师。

我和小筱顺子相识于2011年12月，当时我们一行数人去日本考察精益管理。结束行程后，我折返东京，前往小筱老师位于南青山的旗舰店及公司总部参观。

在那里，我看到了令我无比惊艳的创意，它呈现出其他任何国际大牌都不具备的独特性，以及强烈的文化自信。大面积的纯黑着色和简洁明了的线条成为整体设计的灵魂，不变的是素朴的基调，万变的是色彩斑斓的花纹与几何形状的应用，看似彼此冲突，却有一种因反差而形成的奇妙和谐。这种独具魅力的东方精神和当代美学的高级结合，让我叹为观止。

小筱老师的一身着装也极具个性，体现了一位国际时尚设计师的非凡审美眼光。她亲自接待了我们几个人，看上去很酷且不苟言笑的她，内心却单纯而平和，沉浸在艺术的世界里时，全神贯注、物我两忘。她周身巨大的磁场吸引着每个人都向她靠近。

在交流的过程中，小筱老师鬼才般的创意理念和对全球设计的理解，以及对东方文化的深度诠释，都让我深感赞同。尤其是她的多样性设计，是我见过的最为宽广的创意表达。无论是本土艺术的再造，还是外延的公共艺术项目；无论是文化的输出，还是国际性交流，无一例外都从艺术的高度解读了设计的力量。

她是多样的，也是开放的，这是我们相遇时瞬间产生磁力的原因。后来我经常说，我与小筱老师心有灵犀，尽管我们有语言沟通上的障碍，但彼此能够明白对方所有的想法和对设计的执着。

那天，我向小筱顺子感叹道："如果能请到您做我们的设计师，该多好啊！虽然我知道这是自己的痴心妄想。"当时的我是一个连品

牌如何创建和运作都不懂的"小白",谈何在闻名遐迩的世界大师面前"动心起念"?但那确实是处于转型期的我的想法,也是最真诚的期许。

小筱老师与我用英文沟通,了解到我是内蒙古人,正准备做自己的羊绒产品,她非常感兴趣:"这是一种高级材料,我从来都没有征服过。尽管之前与意大利工厂有合作,但都没有成功。"小筱老师在细致地了解过我的背景后,告诉我,下个月有一个杂志邀请她到上海,"也许我们可以看看你的产品。"

次月,小筱顺子来上海出席活动,主动提出要来我们的公司参观。在参观完之后,小筱顺子当场拍板:这个设计师我当定了!

后来在媒体追问小筱顺子为什么答应给沙涓这个年轻的中国品牌担任首席设计师时,她答道:"Sandriver能把我的设计理念,落地为实实在在的服装产品——这种技术上的实现是我过去苦苦追寻而不得的。甚至我曾经与意大利的一家羊绒公司合作,他们也无法在技术上完全实现我的设计理念,而Sandriver能够做到!我们的结合是如此自然而然,是一种上天注定的缘分。"

我们就这样走到了一起,无限的可能性在两个想共创未来的人面前延展而生——我们的理想是为沙涓探索出一条不同于传统羊绒的新路,意在把有着"软黄金"之美誉的羊绒产品演绎为中国的顶级品牌,进而使其登上国际舞台。作为刚刚起步的品牌创始人,我一边面临着工厂转型、资金紧张的窘境,一边又邀请世界级的大师操刀,其间的左支右绌可想而知。但没想到小筱老师提出的设计费用低得离谱,无异于一个刚毕业的大学生的薪酬,这显然与她在国际上泰斗级的身份极其不符。我知道,她在维护我的尊严的同时,也在全力以赴地帮助我。这样的胸襟和情怀,贯穿了我们接下来10年的合作。我深刻理解小筱老师的初衷,她出任的不是一个设计总监的角色,而是拥有责任与大爱的使者。

彼时,日本放送协会(NHK)正在播出的电视剧《康乃馨》正好是关于她的,讲述她的母亲及她们三姐妹享誉世界的两代设计师故事。

康乃馨寓意真情与热情,充满了伟大无私的爱意。正如她漂洋过海,绽放于中国的黄浦江边。

用做日本料理的思维做羊绒

小筱顺子曾经和我说,全世界的文化只有两种,一种是东方的,另一种是西方的。东方文化的根基就是中国传统文化。如果把日本文化喻为一棵树,那么树根就是中国传统文化,日本文化是以此为滋养,生长出来的枝丫。

因为热爱中国文化,小筱顺子便将其贯彻于作品之中。她认为"对极"是东方文化中的精髓。所谓"对极",有点辩证法的意味——天与地、男与女、白与黑、左与右。所以在她的很多作品里,天地相感,男女相和,白黑互照,左右呼应。古老的东方文化博大精深,奥妙无穷,这也成为小筱顺子作品创意的不竭之源。

国际顶级的设计大师山本耀司说:"至于时装,它是帮助人们区分彼此、定义自我的道具。再多说一点,时装有自己的性格,也可以与人们进行面对面无声的交流。"小筱顺子的设计就能展示出这种个性化的表达。比如几何造型前卫动感,看似简单,却极难拿捏,她在设计中经常采用四边形、三角形和圆形作为创作元素。象征人类文明的四边形、三角形和自然的圆形，在不对称和冲突中融会，进而达成平衡与和谐。

除此之外，小筱顺子的作品层次和骨架兼而有之。但大师的高明之处在于将层次和骨架区别对待、有效结合，层次为主，骨架为辅。这样，女性的柔美与雍容便占了上风，硬朗与潇洒则起到了烘云托月的作用。

如此鲜明的风格让她在时装设计领域自成一家。从小筱顺子为我们设计的羊绒服饰上，你会惊讶于弦月披肩营造的大唐风范、松鹤延年围巾表达的祥瑞之境、手工大衣展现的精致高贵。

沙涓首席设计师小筱顺子的松鹤延年羊绒斜纹印花披肩

小筱顺子常讲：对于服装产业而言有三大要素——材料、技术和设计。沙涓有稀缺的羊绒资源和高端的纺织技术，我提供我的设计理念，这样，三大要素就齐全了。成为沙涓的首席设计师之后，她主张用"做日本料理的思维做羊绒"——既富于审美情趣，又非常实用。随之，她将自己的前卫理念和对人与自然的深刻理解融入沙涓的设计之中，羊绒以往的刻板印象因此被完全打破，原本简单纯粹的材质有了新的活力和亮点。小筱顺子独辟蹊径的设计也让沙涓的服饰变得时尚、飘逸了起来，与其他羊绒服饰明显区别开来，进而成为令全球消费者都爱不释手的高端羊绒品牌。

在接受VOGUE时尚网采访的时候，小筱顺子将"沙涓要做一年四季可穿的羊绒"当成引领潮流的一大创举。基于这样的总体设想，小筱顺子首先提出了她的"套系"和"叠穿"理念。她发现在中国，大家还是习惯于零散地买单件羊绒衫，缺少整体搭配的意识。我们一致达成的意见就是，沙涓要努力改变中国消费者的成见，让人们学会搭配成套的羊绒服饰。譬如在2012年的秋冬款式中，小筱顺子就设计了多套连衣裙加披肩的套装，消费者可以整套购买，省去了该如何搭配的烦恼。

在其后的设计中，小筱顺子的构思更为大胆：将羊绒无袖连身短裙处理成贴身的造型，充分展示女性玲珑有致的曲线美。天气寒冷的时候，无袖连衣裙外面再搭配一件羊绒大斗篷或披肩，以叠穿的方式让消费者轻松跨越不同的季节，不仅提升了服装的整体感和品质感，营造了时尚升级的氛围，亦体现出女性仪态万方的魅力。

其次，小筱顺子挑战了沙涓曾经比较素雅的色调风格。很多人都知道，小筱顺子对黑色的热爱非同一般，黑色是贯穿她艺术生命的色

静心守一：一个民族羊绒品牌的"隐形冠军"之路

07　邂逅小筱顺子：高端、时尚、自然

融入黑色调的小筱顺子作品

彩。在2016年的巴黎时装周，黑色就成为沙涓主打的颜色。在沙涓，黑色可平衡造型带来的冲击、艺术深度之下的创意涌动。但她绝不会受限于此，除了黑白二色，她也大面积运用大红、靛蓝、明黄等鲜亮颜色，设计出靓丽明快的羊绒套装，打破了以往羊绒产品单调沉闷的配色，受到了很多消费者的欢迎与青睐。"在日本，蓝色特别受欢迎，我就想打破羊绒那种'灰色''浅咖色'之类的传统用色，大胆尝试一下。现在看来效果相当好。"

最后，她引入了各种从未尝试过的时尚元素，让沙涓的羊绒服装焕发出前所未有的光彩。譬如，在羊绒服装中加入蕾丝的元素，营造若隐若现的透明度，高贵中凸显出妩媚与性感；又如，将金属链条镶嵌在外套上，令原本端庄娴静的羊绒外套增添了一丝高冷干练的御姐风范；还有诸如手工编织的流苏、皮毛镶拼等细节的点缀，都使得原本中规中矩的羊绒变得充满灵性之美。

"我统称这些元素为'游戏化'的元素，"小筱顺子深谙时装的风向标，"这是一个时下很流行的概念：放轻松，把时尚当作一种有趣的游戏……羊绒给人的印象就是保暖，在传统观念中，针织品都是要掂分量的，分量越重越好。现在我们要打破这种传统观念，创造一种轻灵的、充满飘逸感的羊绒服装，满足一年四季的穿着需求。"

如何做到一年四季都可穿呢？小筱顺子认为有两点非常关键：一是更多运用羊绒和真丝、棉的混纺材质，作为春夏季的服装面料；二是越薄越好，吹气可透。

在"薄"这方面，沙涓的优势得天独厚。沙涓精选的内蒙古阿拉善羊绒绵密纤长，堪称极品。每1克高品质羊绒，可以纺成长达200米的纱线，业内称为"200支"。沙涓织造的200支羊绒围巾薄似宣纸、

07　邂逅小筱顺子：高端、时尚、自然

带有小筱顺子签名的100%山羊绒围巾

透如蝉翼，围绕在玉颈上既保暖熨帖，又盈动飘逸。进入办公室，即可将这条长达2米的围巾折叠成"纸片"放入包中，如同变魔法般伸缩自由。这是任何其他材质的围巾难以比拟的轻薄和柔韧。

羊绒是一种非常古典的材质，过去我们一直在用传统的理念、设计和手法表现它，而我的梦想则是用现代的手法来诠释这种古典的材质。经过小筱顺子精心设计的沙涓服装，颠覆了羊绒制品原有的厚重呆板的印象，将羊绒纤维的轻盈发挥到极致，成为全新的时尚制品。凭着独特的设计、鲜明的个性及严格的质量控制，沙涓已成为业内突破性的高档时尚羊绒的象征。根据小筱顺子的设计创造出的沙涓系列艺术羊绒，譬如"龙""烟花""鹤""日月同辉"等作品，面世后受到了热烈追捧。

小筱顺子对羊绒艺术进行了出色及精准的应用，将设计的理念扩展到自然与人高度结合的层面，意在打造世界级的时尚羊绒品牌。她坚信，沙涓正在做的不只是羊绒制品，更是羊绒的顶级品牌，乃至羊绒的艺术，未来前途无可限量。

从某种意义上讲，小筱顺子不仅是沙涓优秀的设计师，更是中国文化的卓越使者。也许从她40多年前踏上中国大地的那天起，这份不解的缘分便已悄然结下。

敬业的楷模

小筱老师对我说的最多的话就是"加油"！

每一次我们道别，她都会对我说出这两个有千钧之力的字；每一次看到已80多岁的她健步如飞、废寝忘食的身影，我都是非常感慨与

2012年Sandriver品牌元年，小筏顺子创造的具有中国元素的吉祥龙围巾

吉祥龙围巾细节图

07 邂逅小筱顺子：高端、时尚、自然

敬佩的。在这位兢兢业业的老人家面前，晚辈的任何偷懒与懈怠，都是一种大不敬。

就在我们开始合作的2012年上半年，小筱老师带领团队数次到上海，紧锣密鼓地启动了完整的设计工作。大到色彩系列，小到包装、吊牌，小筱老师每次都亲自参与样品的制作、审核及讨论。印象最深刻的是，她的助理手里时时刻刻拿着纸和笔，以便及时做记录，而小筱老师随时随地都在绘画。连续多天奋战，每一件设计款式她都要自己上身试穿，找出问题后立刻修改。

暂时结束在上海的任务后，她就连夜坐航班返回东京，早晨9点准时出现在办公室，这是她多年工作的常态。我们自叹不如，却钦敬之至。若想成为引领世界的大师，没有这种"不疯魔，不成活"的极致努力，显然无法臻于化境。

2016年，我们在内蒙古沙漠拍品牌形象大片，小筱老师第一次来到我的家乡，那也是她梦寐以求的旅程。她热爱蒙古族的历史与文化，因此内蒙古这块神奇的土地对她有着强烈的吸引力。

当时，她率领摄影师及创作团队从日本飞过来。每天凌晨3点，小筱老师本人及团队已齐刷刷等在大堂，整装待发，去往沙漠腹地抓拍日出前的天空景象——这是摄影师眼中最佳的光线。作为整个团队中的最年长者，哪怕凌晨即起，小筱老师也是妆容齐整、精神矍铄，而我们的工作人员却一个也做不到如此。要知道，前一天的拍摄持续了整整一天，大家12点才入睡，保证3点起床委实不易，但小筱老师永远是那个和时间赛跑的楷模。

趁着晚上吃饭的间隙，摄影师已经把一天的照片全部整理完成，将设计稿拿出来让小筱老师过目，他们在吃饭时都是工作状态。次

日,我们在酒店门口等车来,也就十几分钟的时间,我看到助理与小筱老师抱着电脑站在酒店门口,又开始了工作。她的每一分钟都被赋予了意义,她就像一台永动机,产生着源源不断的能量。

完成宣传片拍摄后,小筱老师从内蒙古飞回上海,接着搭乘下一个深夜2点的航班,于早晨6点落地东京。3个小时后,她又开始了新一天的工作。这就是她,一个享誉全球的日本殿堂级设计大师一天的行程。管中窥豹,她数十年的创造生涯,都是在这样高强度的状态下度过的。

因为拥有仿佛永远使不完的劲儿,她还被称作"派对女王"。每次她来上海工作,落地浦东机场后,不管多晚,她都会去酒吧喝上一杯。一群人浩浩荡荡地进入外滩顶楼的酒吧,每一次都会遇到她的很多粉丝,引起惊呼连连。大家纷纷簇拥着她拍照留念。有时候遇到一群年轻人,那就更"嗨"了,小筱老师逸兴遄飞,完全融进欢乐的海洋……深夜1点,我和先生困得东倒西歪,而意犹未尽的老人家却依然神采奕奕。

这大抵就是小筱老师艺术生命长青不衰的原因吧。她可以为冲绳世界经济大会设计晚宴服装,也可以是政要出访时的高定设计师,更是日本非遗文化的传承与再造者,此外,她还为国际诸多大牌贡献了不胜枚举的创意作品。

在潜移默化中,我也深受小筱老师的影响。国际奢侈品品牌林立,群雄逐鹿,一个东方品牌如果没有如此的敬业精神,何以冲出重围?愿以此自勉。

07　邂逅小筱顺子：高端、时尚、自然

巨大的国际影响力

2012年8月，在我们合作半年之后，她为我们的品牌举办了盛大的东京大秀。世界各国驻日本大使及夫人、日本文化艺术界有影响力的贵宾荟萃一堂，每个人都穿着小筱顺子设计的服装，宛若一场盛大的派对。大家轻松自然，仿佛参加老朋友的聚会，而这一天也是小筱老师的生日。大秀开场前，小筱老师作了精彩的发言，她说："过去这些年我的设计都是用来玩的，而今天，Sandriver羊绒是我真正的设计，我们是一家人。"

那一刻我非常感动。一个日本殿堂级的设计大师，对一衣带水的邻国刚成立的新品牌不遗余力地予以提携帮助，甚至不惜动用所有资源推动我们在时尚界获得一席之地。这份珍贵的跨国情谊，让我不禁再一次想起了王昌龄的诗："青山一道同云雨，明月何曾是两乡。"

为此，"一条"视频团队在2014年专门赴日拍摄了她与我们的故事。

2014年，我在巴黎的雅典娜酒店与小筱顺子交谈。我跟她说"我有一个让中国品牌走向世界的梦想"，并向她详细地阐述了我的理念和构想。她就静静地听着，听完，她说："如果你希望中国品牌走向世界，那我们重回巴黎。"

我入住的雅典娜酒店历史悠久，酒店的墙上挂着曾经下榻酒店的世界各国政要和名人照片，其中就有她（小筱顺子）。而这个19岁就在巴黎时尚界崭露头角的人，就坐在我对面，听着我的梦想，跟我说"Back to Paris"（重回巴黎）。

2015年，沙涓第一次出现在巴黎时装周的展览舞台。彼时，尚且

静心守一：一个民族羊绒品牌的"隐形冠军"之路

2015年巴黎时装周，我（右一）带着沙涓团队与小筱顺子（中）合影

没有一个中国品牌可以跨过这个著名时装周的门槛。小筱老师以自己日本公司的名义带我们进入,由此成为我们进军国际的引路人。

在巴黎,我再次见证了她的影响力。成群结队的粉丝每次看到她到来,都会蜂拥而至,把我们展会的位置挤得水泄不通,各路媒体争相报道。我见证了享誉巴黎设计界多年的她,带给这个时尚之都怎样的震撼力,而我们是她所有影响力的受益者。我们携手小筱老师,带着"中国制造"的高端羊绒品牌,带着独具魅力的东方文化的设计,开始了中国品牌进军世界的征程。

小筱顺子不仅是产品的主创者,更担当了沙涓的推销员:她凭借自己在巴黎时尚界30多年的浸润和巨大影响力,将产品带到了被所有时尚界人士朝圣的巴黎时装周。她动用了在巴黎所有的人脉,帮助沙涓推广品牌。每次沙涓在巴黎参展,小筱顺子都会专门从日本飞到巴黎,助力沙涓每一次的精彩绽放。

国际奢侈品品牌林立,群雄逐鹿,一个东方品牌如果没有如此的敬业精神,何以冲出重围?

现代文明带来的经济高速发展和巨大财富确实让我们的世界愈加繁荣鼎盛，但也牺牲了风格的多样性和丰富性，割裂了人与自然之间的深刻联结。因此，在充满整饬之美的时代，智能化很重要，手工工艺也同样重要，我更期待那些被赋予了无限深情的手作之美。

08
做羊绒，我是技术狂

我记得无数人的抗拒和怀疑：在工业化高速发展的今天，谁会回到手工年代？谁会把一种记忆当作痴迷的理由？但无人懂我遍访毡匠时那种热血沸腾的快乐。

中国有句老话，叫作"巧妇难为无米之炊"。即没有下炊之米，再能干的巧妇也无法做出美馔佳肴。推而广之，原料是制造业成就精品的必要条件。

业界早已达成的一项共识是：奢侈品必须是采用"珍贵原材料"，运用"神秘工艺"制造出来的具有顶级品质的产品。没有珍贵的原材料，奢侈品便成了无源之水、无本之木。而我的家乡，恰恰就是顶级原材料的产出地。我从小就在草原长大，与羊羔玩耍，对羊绒的热爱早已融入我的血液，成为我生命中最重要的DNA。

离灵魂最近的纤维

人类头发的直径通常是60~90微米（1毫米=1000微米），而优质的羊绒细度不会超过16微米，顶级的细度甚至低于15微米。作为纺织工业的高档原料，羊绒是人类目前发现的与人体皮肤最为亲近的动物纤维。柔韧细滑的触感，只有紧贴皮肤才能被真切感受到，即使是最敏感的婴儿，贴着皮肤穿着也会觉得非常舒适。因此，羊绒被誉为"地球上距离灵魂最近的纤维"，此外，它还有"软黄金"之称。"羊绒衫贴身穿着，感觉身体也获得了自由。能够气定神闲地度过严冬，多亏有了羊绒衫。"在生活美学大师松浦弥太郎眼中，羊绒就是这样的存在。

当羊绒制品赢得广泛喜爱时,它的原料就成为人们关注的重要焦点。但鲜为人知的是,世界75%左右的羊绒产自中国,珍稀的绒山羊主要活跃于我国的内蒙古、新疆、西藏、宁夏。此外,在蒙古国、阿富汗、伊朗、尼泊尔也有相对较少的数量。我国的阿拉善、阿尔巴斯地区拥有全世界顶级的绒山羊。那里处于亚洲大陆腹地,干旱少雨,风厉沙多,昼夜温差大,日照时间长,绒山羊为了度过漫长的寒冬,在外层绒毛下进化出了一层由最轻、最优质的纤维组成的内层绒毛,这就是羊绒原绒。

但是受到自然环境和人为因素的影响,现在优质羊绒越来越少。近些年来,无数国际奢侈品品牌大鳄云集我的家乡,展开了"羊绒大战",就是为了抢夺全世界最优质的山羊绒。

而我作为土生土长的内蒙古人,得天独厚的一点就是,我的"根"就在世界羊绒的核心区——东经97°10′~106°52′,北纬37°21′~42°47′。这里不仅响着沙漠驼铃,屹立着苍凉悲壮的胡杨林,同时更是世界上最著名的羊绒产地,后来也成为沙涓的品牌发祥地。

阿拉善和阿尔巴斯这两个区域出品的羊绒,经过了历史的演变,经历了物种的筛选,全部来自原绒最细、最长也最白的羊种。这种白山羊绒的细度介于13~15微米之间,光泽度优异,细度、光度、白度三项指标均居世界同类产品之首,被视为"绒中极品",曾荣获山羊绒最高奖项意大利"柴格纳"奖。2006年6月2日,中华人民共和国农业部公告第662号将内蒙古绒山羊(阿尔巴斯型、阿拉善型、二狼山型)列入《国家级畜禽遗传资源保护名录》。

为了获取顶级的原料，除了家族自有牧场的供给，我还联合了内蒙古草原的牧民乡亲建立深度合作，创立了自己的羊绒基地。在这个基地里，我们共畜养了数千头山羊。建立基地是一个庞杂而艰辛的工程，考察、论证、规划、建设，比外购原料要艰难繁重许多，投入也十分巨大。但这是我的家乡，我与父老乡亲的情感交融于此，我的成长环境与我获得的巨大滋养都是和品牌息息相关的。因此，多年后的回馈值得我付出全部的努力和热情。

利益会驱使人们偏离理性的轨道，为了追求产量，很多外来山羊纷纷被引入草原。为保持山羊纯正的血统，沙涓为牧民编制了周详的《牧场操作规范》手册，指导他们从草料的配制、牧羊、采集羊绒等各个环节进行规范化饲养，确保山羊得到最精心的养护。

我们的羊舍都建在干燥通风的高地上，为的是防止山羊睡在潮湿的洼地里导致腹部受凉，而且潮湿会影响羊绒的品质，令羊绒不易染色。因此，潮湿是饲养中的大忌。牧民还要定期给山羊洗澡、除虫，以保持绒毛蓬松洁净。我们还要求选用泉水、井水和流动的河水喂养羊群，因为池塘等不流动的死水是传染寄生虫病的媒介，牧民们须时刻防止羊群靠近饮用。

在我们的羊绒基地里，小山羊从出生到1岁的成长过程中，日常饮品是豆奶制品，每日佐以半熟的黄豆——我在少年时最开心的事情，就是双手捧着煮得半熟的黄豆，让小羊羔在手心里嗫食；养护间通风宽敞，选择最鲜嫩的草地作为草场；细心地呵护它们免受风雨侵袭，才能使它们在恶劣的天气中存活下来。阿尔巴斯牧场生长着十分特别的野山葱、野韭菜和野蒜，非常适宜羊群食用。当地的山羊吃了这些野草，毛发光滑柔亮，轻风吹来，竟如少女的长发般随风飘拂。

为了保证羊绒的高品质,沙滑只选择纯种的公羊和母山羊配种,并在羊羔出生后甄选出毛质优良的小羊单独圈养。将本土的种山羊血脉完好地保存下来,保障了羊绒源头上的奢华本质,并确保了来年春天所产羊绒品质一致——色泽纯白无瑕,柔韧有弹性,细滑软糯中尽显天赐的珍贵。

在小山羊出生后的第一个春天来临时,草原蛰醒、天气回暖,小山羊也即时感受到了季节的讯息,会脱去越冬御寒的羊绒。此时,牧民会用一种特制的铁梳子,蘸上酥油和牛奶,将脱落的绒毛细细地梳理下来。每只山羊一生只能在3～12个月大之间被采集一次这种羊绒,它是极为珍贵的"小山羊绒"。

将原绒从山羊身上采集下来,这项工序所需的时间和耐心超乎想象。温度高一点,绒就褪掉一点,这是自然界动物的一种本能,没有掉的不能强拉。所以,牧民梳理和采集羊绒时是非常温柔的,就像给自己家的孩子梳头一样。

至今,内蒙古草原上的牧民仍然用手工梳绒,顺着挨挤在一起的羊儿,动作轻柔地一路梳过去。早春时节,阳光明媚,云朵如层峦叠嶂的山峰,投下大片斑驳的杂影。小羊们慵懒地躺在嫩草萌生的牧场里,被梳得惬意十足,高兴起来,就成群结队欢蹦于草地上,蹲在地上专心梳绒的大人经常被跳到肩膀上的调皮羊羔逗得大笑,宠爱地看着它们可爱淘气的样子。从幼年起,我就旁观并参与这种古老的梳绒手艺,这种手艺几十年之后仍然在内蒙古草原上通行。

悉心呵护山羊的蒙古族牧羊人

"暴殄天物"般的原料选择

人工梳毛后,沙涓采取严格的分级管理,将不同长度和细度的羊绒分开,绝不混纺。我们只采用头道绒,不将二道绒、三道绒作为选择的对象,以确保所选用的原料全部是长度36厘米以上、细度14~17微米的高品质羊绒。近乎苛刻的选择,是成就极品羊绒的关键所在。

《天工开物》中有过这样的记录:"此褐织成,揩面如丝帛滑腻。每人穷日之力打线只得一钱重,费半载工夫方成匹帛之料。"每个工人工作一天才能得到一钱(约5克)的羊绒,而需要费时半年才能使这些羊绒成为纺织品。

相较古人的选材标准,沙涓有过之而无不及。在"千淘万漉"之后,成年山羊一年可取50克左右的绒毛,被称为baby cashmere的小山羊绒则更加珍贵,只有20克。这寥寥几许的绒毛,需要牧民花费一个月左右的时间,依据绒毛脱落的速度,分七八次才能梳理下来。

精选完毕,还需要在机器上进一步地梳绒,将羊绒中的皮屑、碎草等杂质清理干净。之后便是"洗绒"——在浸泡了羊绒的清水中放入适量的助剂,令羊绒中残存的油脂溶解。然后将羊绒完全烘干,打成规整的条状,放入标准袋中,制成密度非常高的"硬件绒",使羊绒不易生虫霉变,便于保存较长时间。

与此同时,沙涓的首席设计师小筱顺子已经在进行服装设计。这种准备常常要提前一年开始,也就是说,今年秋天已经在设计明年春夏的服装款式。设计就绪后,就要打色板,计算原料,并进行生产排期。内蒙古工厂根据排期,对原绒染色,纺成纱线,运输到上海工厂。上海工厂再进行服装生产工作。整个生产过程需要约6个月时间。

正因为初生绒毛太珍贵，所以有人说，全球每5000人才有1个人能拥有羊绒衫。20只小山羊的绒毛纤维才够制作一件羊绒披肩，而制作一件大衣则需70只小山羊的绒毛纤维。其制作过程也需要耗费大量的时间和人力成本。

众所周知，羊绒衫分为粗纺和精纺两种。较之精纺，粗纺工艺对羊绒的质地要求会相对低一些。但沙涓始终坚持，无论精纺还是粗纺，均选用同样的极品原料，绝不偷工减料，以次充好。也就是说，同样的羊绒，既做成了200支的超薄围巾，也做成了厚重的羊绒外套。这种对顶级原料的执着，在很多业内人士看来简直是"暴殄天物"，但我们一直恪守不渝。

我最想呈现给世界的故事，就是茫茫草原上的牧民及羊群，以及那种天地融合的状态。我想把一份真实与纯粹带给全世界，展示中国那片辽远土地的丰饶与美好。也许你很难想象一家企业为追求产品的卓越做的这些看似微不足道却异常艰辛，并且关乎草原未来的努力；你也很难想象在互联网经济的大潮中，追求极致的思维却在这里生根发芽、开花结果。这就是沙涓，一个把最优质的产品献给全球客户的顶级品牌，一个承载着草原精神和"中国制造"信誉的羊绒使者。

怀念童年的那抹嫣红

我一直怀念内蒙古草原各种各样的花草。色彩缤纷的夏日里，绿意盎然的草原是放飞所有梦想的地方。我的童年虽然贫瘠，却也无比丰沛，而女孩子对美的追求就是清寒岁月里最动人的那抹嫣红：夏天是海娜花盛开的季节，我们一群小伙伴对它们的绽放翘首以盼，因为那是我们染指甲最好的染色剂。

那时的我常常缠着长姐给我染指甲。看着她剪了海娜花的细嫩杆茎，辅以底部粗杆的主苗，再细致地采摘下朵朵盛开的海娜花，将这几样羼杂混合起来做染料，就可以让指甲的颜色更加浓艳。最关键的是，这种着色很持久，这就是植物染色。植染迥异于用化学染剂染色，是一种用天然植物做染料，取根、茎、花叶、果实等染材，经过提取制液、上色等极其复杂的手工工序，对织物进行染色的手工技艺。

无论是多么活泼好动甚至爱调皮撒野的孩子，总会无比乖巧地度过漫长的一夜，期许黎明到来后指甲上的神奇反应。第二天，当我们的指甲卸掉包裹了整整一夜的南瓜叶，赫然入目的，是那绮艳无比的红色，闪烁着动人的莹泽。当美丽的喜悦溢满心怀，这样的时光也就充盈了我们整个童年夏日的回忆。

后来，我的指甲再也没有享受过这种与自然同道的福分，反倒因为各种场合，囿于与各种衣物的搭配，被施以不同的颜色。但我在刺鼻的味道中，感受到了自己内心的拒绝。

是的，我在拒绝。我拒绝呈现出完美色度的衣物，拒绝过剩的化学成分对身体的伤害。近几年华发渐增，白色的头发看上去异常显眼，但我拒绝任何的化学染剂。哪怕时尚度锐减，也千挑万选只用纯植物的染发剂，全然不顾其色牢度差的缺点。

但令人遗憾的是，植染并没有成为工业制造中的优选。在羊绒染色领域，无论是20世纪90年代基本沿用的用酸量多、高温定形、保温时间长的染色工艺，还是近年来普遍采用的低温、短保温时间工艺，

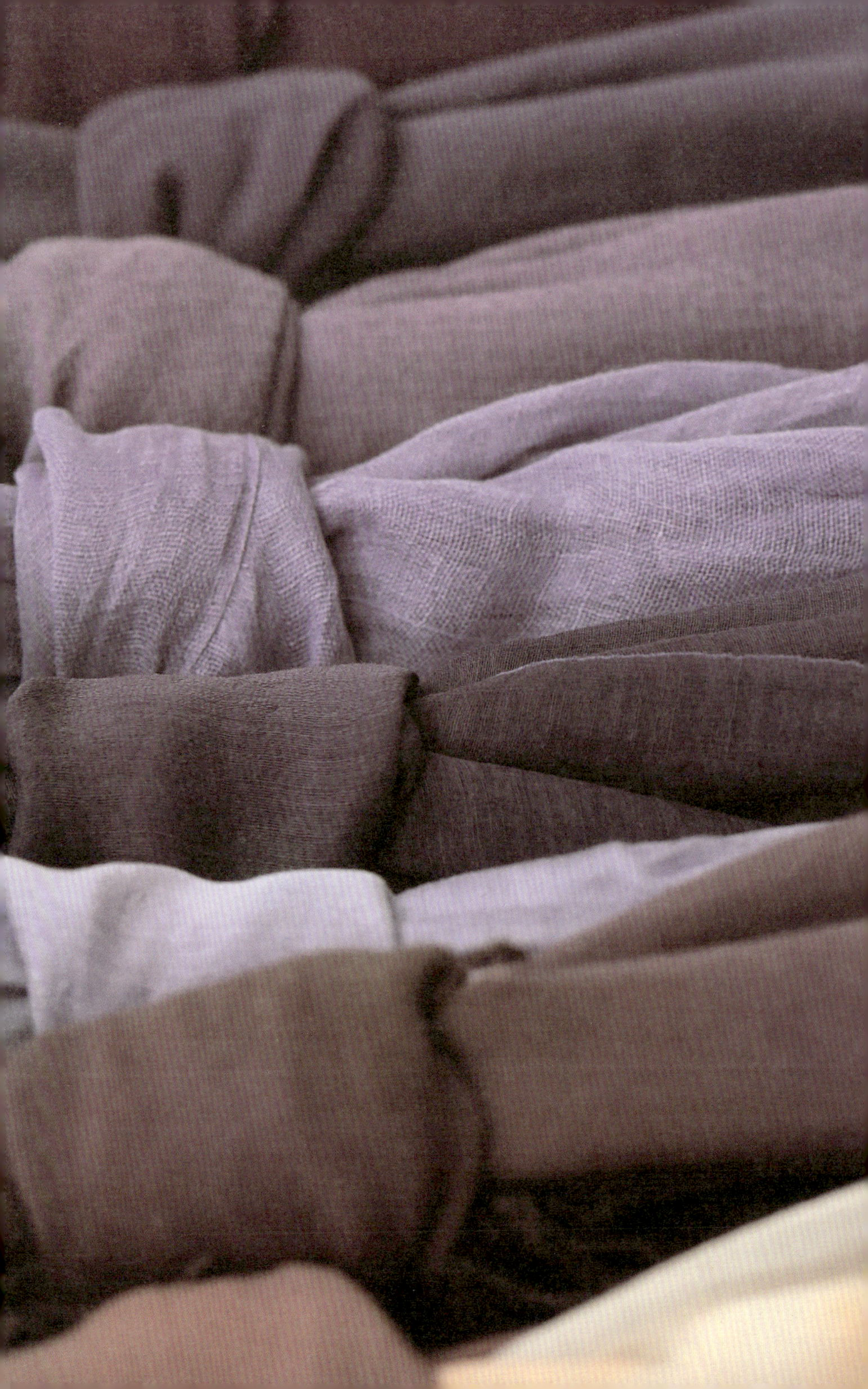

沙涓羊绒织物花草植物染系列

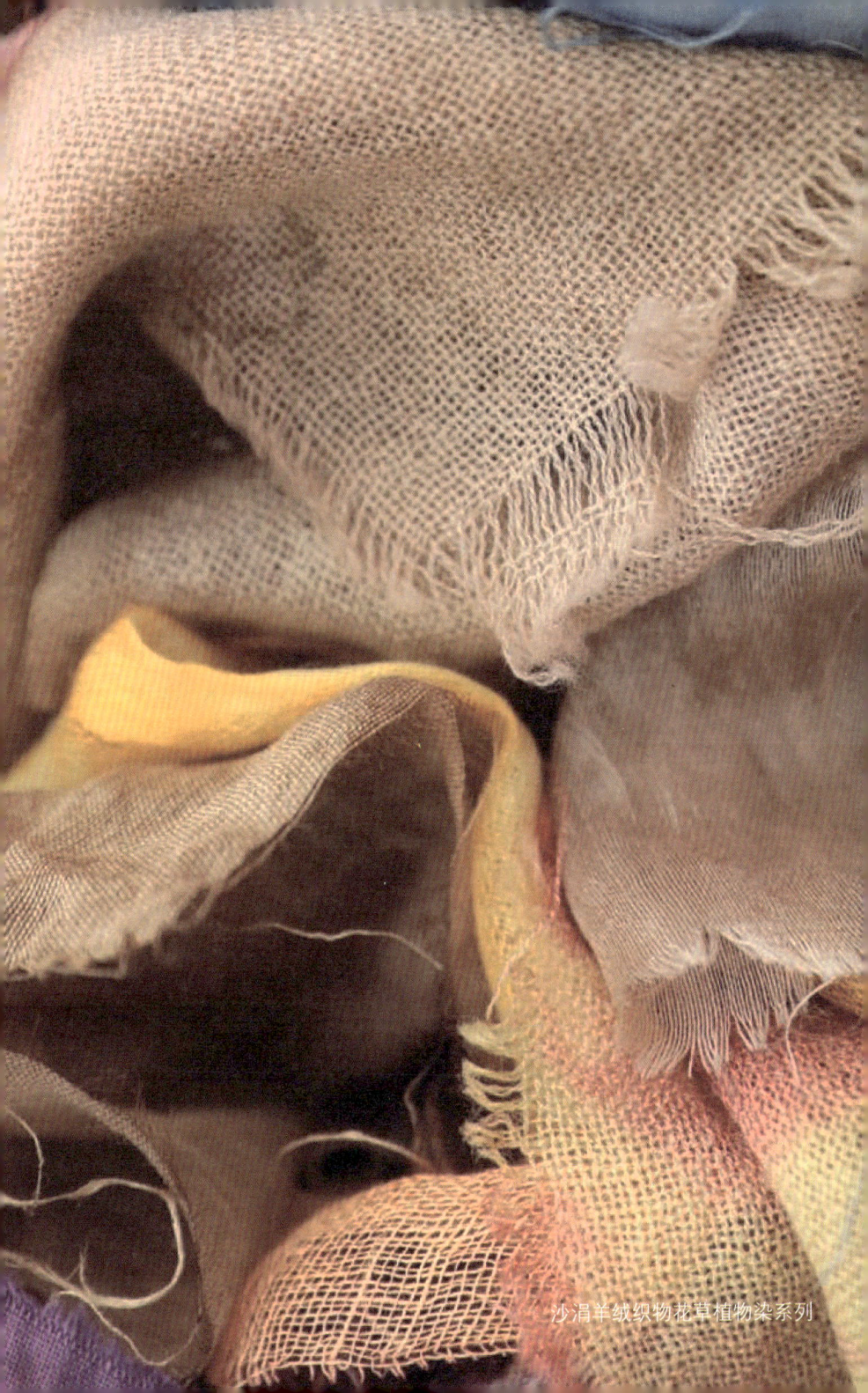

都会对羊绒造成一定影响。前者导致绒毛断裂,后者导致起球严重。尤其是化学染色,会对环境造成很大污染。所以我对植染的钟情,无疑是对天性的拥抱。

区别于直接用化学原料染色的技术,植染充分利用了大自然中的可再生资源,减少了化学原料对环境的污染,同时降低了染料对人体的危害。纺织品中使用的化学固色剂含甲醛多,而草本植物染色则检测不出甲醛,因此在大力倡导环保的当今社会,这种天然健康的染色方式越来越受到人们的欢迎。

另外,从技术层面来看,天然染料与天然羊绒纤维有很好的亲和作用。使用纯天然的染色原料不但可以得到各种高彩度色,更可以获得大量细腻、优雅的中间色,以及更丰富的色彩层次。最重要的是,这样的面料越用越漂亮、越柔和,更符合现代的审美理念。

日本著名的染织艺术家志村福美曾在散文中提及生命中一次难忘的经历:"……偶遇一位正在砍樱树的老人,遂向老人求得一些砍下的樱树枝,回去便煮来染色。染出的樱色极美,透着樱花清幽的气韵,漫溢于整个染坊,沁人心脾。那是我第一次真切体悟到,色彩是有气韵的。"

我想闻到衣物上植草最本真的味道,取代那种被刻意制造出来的、如影随形的馥郁香气;我想皮肤不再承受那些沉重的成分,因为脆弱的人类有时实在无法处理与消解我们身体中的工业制品入侵;我想赋予最好的羊绒以纯粹隽永的色彩,因为世间的一切美好都需要被珍惜与善待。

大自然给予什么,我们就接纳什么

于是,我变成了一个"偏执狂",开始寻觅世界各地的植物,拜访当地的植物学家,搜集那些神秘的植物"家谱",探求丰富多彩的天然之色,呈现于我们的羊绒产品中,并告诉我们亲爱的客人:这都是大自然的恩赐。

不可否认,大自然是神奇的宝库,生于其中的植物形态各异、颜色参差,哪怕是相同的植物,在不同的年份、不同的季节、不同的温度、不同的湿度下,也会给予我们不同的颜色——深浅不一、色度分明。就像《一色一生》中提到的那些植物:苏芳、藤紫、雀黄、瓮伺、水浅葱、浓绀、利休鼠、紫鸢茶……一百种植物孕生一百种色彩。

其实自然界中的植物能染出的颜色,比我们想象得还要多。花、草、茎叶、果实、皮、种子……植物中的每一个部分都可以提取出天然色素。因此,我千方百计地从自然界,从遥远的传承中,寻找那些能彰显羊绒高品质的色彩,并将其萃取出来,最后完美地呈现在羊绒制品上。

但若想从植物染料中提炼出清新脱俗或者明丽烂漫的色彩,采用破壁等高端技术将颜色充分释放出来,并解决经年不褪色的问题,难度相当大。更何况植物品类丰富,各种颜色的搭配亦千变万化。这个过程太复杂了,有时不亚于艰苦卓绝的发明创造,往往要持续很多年。

自2016年起,沙涓便投入了大量资金攻克羊绒服饰植物染色技术,同时避免化学染色带来的环境污染问题,以实现自然资源的永续利用。在不断的实验中，我们将自然植物与昆虫，如红花、茜草、胭脂虫、紫草、木蓝、栀子等，经选料、磨碎、分级等程序，努力制造出适用于羊绒的各种深浅不同、杂然相间的颜色。染色过程中还以草木灰、豆浆等为助剂，摒弃传统的化工染料。

2019年，沙涓有幸邀请到了有着"羊毛书写者"之称的澳大利亚纺织品设计师伊戈拉·露西娜·奥帕拉（Igora Lucyna Opala）前往位于上海金山的研发中心。她的作品灵感来自她与自然和人类精神的联系。来到中国后，她带领沙涓所有的工匠和设计师一起研究植染，希望将植染的天然魅力全部发挥出来。

经过中外专家的多轮打磨和尝试，沙涓终于将植物染技术应用于羊绒上，让我们的羊绒产品散发着可以自由呼吸的纯净芬芳。我们将天然染色视为艺术设计和创造的手段与过程，在植染工艺中进行色彩的糅合与创新，将色彩的明度、色相、色牢度这些指标变成勾勒"画卷"的元素。

我们的染色技法在沿用传统染色技艺的基础上，做了修复和改良，既保持了自然色彩纤维的原貌，也还原了艺术家的创作精神。每个季度，我们都会选取当季应时应景的植物，在其盛放的节点采摘、筛选，经过一系列复杂的提取和染色工艺，将其娇艳纯正的颜色留驻在羊绒上。因为全程手工，植物材料的珍贵被发挥到极致。譬如板蓝根蓝色系，使用100%纯度的板蓝根叶，经过4个小时常温氧化晾晒，在保存色彩纯度的同时，亦保护了羊绒纤维的天然品质。还有藏红花色系，选取鲜明度高的藏红花。这种每吨价值30万元的植物提取原料非常珍稀，需格外小心谨慎。此外，对茜草、莲蓬等植物的提取，也是一个个如履薄冰的过程。

植染虽然适用对象颇为广泛，但对被染物有很高的要求，而沙淯的顶级原料正是最好的天然画板。植物在碾磨、蒸煮过程中，与天然的真丝、羊毛、羊绒底布发生奇妙的融合，最终形成了一幅幅绚烂多姿的"画作"，可以被我们随身携带，进而感受大自然最纯净的呵护、最体恤的关照，这才是植染最大的魅力。

以植物染色，可以最大限度地保护羊绒的天然属性，但染色加工是最易造成纤维损伤的工序。羊绒染色通常采用沸染的方法，但在高温条件下，羊绒鳞片很容易损伤或断裂，从而导致羊绒泛黄、发脆，不仅影响羊绒的光泽和手感，而且使得羊绒的纤维强力严重下降，极大地破坏了羊绒纤维的织物服用性能。所以为了不破坏织物，沙淯的植物草木染色不采用高温固色，而是常温染色。

我们的朋友——也是忠实客户——植染专家赵蕾教授说，采用常温染色的植染，不仅在染色过程中能够对羊绒这种软糯的材质起到最大的保护作用，而且不同植物蕴含的成分也会充分发挥出其对人体有益的优势。譬如茜草的杀菌功效、板蓝根和桉树叶的抗菌消炎功效，都在植染的产品中体现得淋漓尽致，完全契合"围巾也是一味中药"的理念。因此，披一条植染围巾，不仅是披上了一片花草葱茏的草原，也被加持了一种疗愈身心的能量。

比起普通的衣物染色，自然植物染色所用时间特别长，大于4个小时的氧化、晾晒使得染料的使用量也特别大。为了检验沙淯的固色性，我们经常将实验成品放整整一个夏天，就是用来观察被萃取后的植物的味道是否能持续，是否能经受住时间的检验。因此，沙淯对天然染料的选择与运用，如同世代生活在草原上的牧民与自然的亲密、对自然的崇拜、回馈自然的赠礼，皆是一种发乎内心的本能。与此同时，我们也尊重大自然的规律，如果今年草原上的某种花开得不够茂盛，我们就只生产数量较少的某色围巾；如果哪种花今夏长势喜人，相应的，我们的产出就会多一些。在我看来，"大自然给予什么，我们就接纳什么"。

我曾经和很多人讲过我心目中的自然之美："每一个区域有独特的植物，每一个季节有不同的花果时蔬，会形成丰富色彩的奇妙组合。当我们以地域为设计灵感输出羊绒色谱时，我觉我真正找到了内心的欣喜若狂。我想再次拥有童年纯粹的欢喜，只为了一种自己无法忘怀的色彩。"

所以，"道法自然"始终是沙涓的发展哲学：不与自然对抗，懂得敬畏，才有依恋与共存。在我心中，草木、河流、动物皆有灵性，沙涓也一样。我和牧民一道，世代享用着自然赋予的一切，那么，对它的珍惜，便成为融汇在我们血液里的爱悦。

沙涓选择了植染，其实就是选择了一种绿色环保的理念与工艺，但同时，这也意味着要付出植物收集慢、制作过程耗时长、成本高等代价。而且很多植物的色素非常容易被分解和氧化，所以色牢度、耐光性、耐洗涤度等都是需要我们考虑的因素。

既然想要成为"隐形冠军"，我们的企业就要努力为顾客、为社会创造出更好的产品体验与深度的价值，哪怕我们的步子走得缓，但慢而健康、稳而长远才是王道。在确保环保和审美的前提下，沙涓寻求羊绒材料与天地融合的更佳表达。这是一个优秀品牌的质量保证，是我们回报给牧民的最好礼物，也是品牌追求极致的宗旨所在。

衣如人生，色如走马。"色彩背后，是一条从一而终的路，有一股气韵自那里蒸腾。""那或许是比色彩更古老的、慈悲的爱。"志

村福美曾在她获得大佛次郎奖的《一色一生》的封面上这样写道:

"曾经,我以为做一色会耗费十年;如今,我觉得做一色将用尽一生。"

其实,这也是我最真实的心声——倾尽一生,完成一件事,这不是对生命的靡费,而是对热爱最大的虔诚。此时,我仿佛听到近千年前的易安居士于东篱把酒,轻吟低唱:

暗淡轻黄体性柔,情疏迹远只香留。
何须浅碧深红色,自是花中第一流。

素手弄"纤云"

竹编手艺人夏林千野讲过:"我们是靠手来记忆的。"但在大工业时代,我们越来越依赖流水线上生产出来的产品了,因此,那些整齐划一的东西也越来越多地出现在我们的生活中。

毋庸置疑,现代文明带来的经济高速发展和巨大财富确实让我们的世界愈加繁荣鼎盛,但也牺牲了风格的多样性和丰富性,割裂了人与自然之间的深刻联结。因此,在充满整饬之美的时代,智能化很重要,手工工艺也同样重要,我更期待那些被赋予了无限深情的手作之美。

如果说针织自动化技术得益于工业文明的话,那么,我们的手缝针法则是传统技术的智慧结晶。从设计的角度看,羊绒比一般布料要难驾驭得多。人们有时会看到设计师在模特身上随意披一块布料,用别针就能实现自出机杼的造型。但如果原材料是羊绒，那么，设计师的任何一点创意，都必须给出相应的针织技法，确保可以用编织的方式或者手缝的技术来演绎别出心裁的设计。

因此，在沙涓服装的很多部位，我们摒弃机器，单用手缝。熟练的手缝匠人，就像庖丁解牛一般，循其经络，自由地在绒线间穿针引线，使面料紧致贴合，针脚规整，形成了像士兵一样严谨的队形。手缝结束，最后的线头被巧妙地处理。

手缝，所需不多，一针、一线、一剪、一匠人而已。一根针行三千六百种变化，一把剪剪开所有的繁乱和嘈杂。每个手缝匠人的针线风格不尽相同，即便是放置在一起的几十件一模一样的衣服，她们也能通过辨别针脚，轻松地识别出自己经手过的服装。

对她们而言，手中的针线即为画笔，眼前的服装是为画布。和艺术家无异，她们也在这片"画布"上发挥着自己的才能及技艺。袖口、领口、下摆、接缝……手缝之处多是微小之处，但是当这些细节堆叠在一起，便形成了不同于其他品牌的独特美感。

对于不满足于平针的设计师来说，手缝之外，还要通过变化多样的针法，呈现作品不同于传统羊绒服饰的花型与质感。譬如，我们2022年10月研发的一款流苏翻领羊绒纯手钩上衣——100%山羊绒，纯手工制作，针法变幻，匠心独运。整件衣服花费了整整30个小时才制作完成，上面镂空的每一朵花，都是手艺人一针一针钩织而成；每朵花之间各种形状的连接线，也是手钩而成。手工的巧思和温度，让这件时尚之衣蕴藉浪漫与经典之美。下摆的流苏也是手工织就，<u>丝丝缕缕</u>，复古婉约中不乏轻灵曼妙。艺术个性化的花朵图案，结合下摆别致的流苏设计，让衣服显得既优美又飘逸，展现出随性而不随意的生活态度。

在我们的工厂中，一位拥有20年手缝经验的阿姨和我说，早些年学习时，她的师傅说："手摇缝纫机也许会被机器代替，但是手缝这门技术不会被代替。有技傍身，心中不慌。"手缝的技术人人可学，然而技术的高低，纯粹是拿时间和一件一件的衣服"喂"出来的。这门技艺不存在走捷径或者是取巧的成分，看那精致排列的针脚和弧线完美的领口上的针法，以及对棉线的处理和运用，都是依靠日积月累的经验才能做出来的。

在我心中有许多优秀的工艺，就如同曾经的恋人，令人念念不忘。而手工蕾丝，就是如此情意缱绻的顾盼之一。几年前的一个初春季节，巴黎时装周落幕后，我即刻驱车前往布鲁日，这里离巴黎2小时车程，是蕾丝的故乡。

在布鲁日，我不但看到了几百年前流传下来的蕾丝珍品，也参观了现代蕾丝的手工作坊。在匠人飞针走线、令人眼花缭乱的编织过程中，我对她们超群的技艺赞叹不已，更感叹她们对保存和传承手工蕾丝工艺的坚守。布鲁日亚麻丝线上乘的品质，决定了布鲁日蕾丝往往有独特的款式，布鲁日蕾丝不是同一图案的简单重复，也不是机器编织的刻板花样，而是线条修长、轮廓清晰，有强烈的立体感。

敬意油然而生，灵感也倏然而至。第二年的春天，于相同的时间，我终于在自己的品牌产品中实现了蕾丝工艺与羊绒的"天作之合"。譬如我们的一款披肩，严选顶级小山羊绒原料，力求在面料创新层面进行技术突破，通过奢华的材质给予身体最温柔的体贴，并用独特别致的设计融入法式风情——在一端拼接手工蕾丝。当蕾丝与羊绒相遇，便造就了两种材质的戏剧性碰撞，巴黎的闲情午后与内蒙古

静心守一：一个民族羊绒品牌的"隐形冠军"之路

蒙古族传统手工羊绒毡与法国蕾丝元素的结合

的悠扬长调，极致的软糯与诱人的魅惑在对立融合中达成了张力十足的统一：手工编织的细密网眼，轻盈润滑的上乘质感，交织出一份禁欲式的妩媚。

借由手工蕾丝，沙涓将性感与自由的元素呈现在经典羊绒中，在不断拓展的沙涓美学边界上，谱写了一阕醉人的"蕾丝狂想曲"。恍惚间，我似乎不只闻到那种复兴怀旧的气息，还充分感受到了一种神奇的创造带来的巅峰体验。

用手缝，不仅是情怀的坚守，更是一切从品质出发的要求。寻常人也许不能看出其中的区别，但沙涓自己心里却有着一杆关乎品质的"良心秤"。无论这个世界如何变迁，我都相信，造化赋予我们双手的美妙和意义，永远不会被取代。因此，手作的慢步调虽然无法创造高效的"神迹"，但从来都不会向粗陋的做工及快生产的大机器妥协。

手工艺复兴下的产业帮扶

2022年7月，我离开上海，踏上了拉萨这片神往已久的土地，去寻访西藏的氆氇艺术。

相传西藏有三宝——江孜毯、拉萨靴、日喀则氆氇。氆氇是藏语音译，也叫藏毛呢，是藏族的一种色彩相间的手工织品，已有2000多年的历史，相传唐代文成公主进藏时曾带去先进的纺织工具和生产技术，利用当地生产的羊毛精工纺织成斜纹毛织品，即为氆氇。

氆氇"家族"分支颇多，有加翠氆氇、毛花氆氇、棉纱氆氇等10多个品种。以细密平整、方正挺括、色彩绚丽、质地厚实、柔软光滑为佳品。在气候复杂多变的高原地区，氆氇由于保暖性强、结实耐用，是深受藏民喜欢的御寒之物，被当作藏服、藏鞋、金花帽的主要材料，也可用来做床毯、仪礼时的礼物等。作为西藏进贡的主要贡品，氆氇曾是尊贵身份的象征。

在我看来，这种历史悠久的民族工艺需要得到"活性传承"。从2022年起，我和我的团队多次深入西藏拉萨和日喀则等地，走访乡村作坊、家庭工作坊，近距离向当地手工艺人传授先进的手工技艺，并与当地农村合作社、地毯厂沟通交流，相互学习。

在传承氆氇工艺的过程中，我们就地取材，使用牦牛绒、山羊绒这些自然的馈赠，秉承氆氇手工艺的古老制作方式，并汇集全球优秀设计师的灵感，巧妙变换织法，融入符合当代审美的颜色搭配。从筛选、洗毛、纺纱、染色、织造、修剪到最后的洗晒[①]，制作氆氇的每一个环节都纯手工完成，使氆氇产生丰富多彩、具有饱满情绪的肌理外观，为消费者带来焕然一新的温暖呵护。

同时，我们贯彻自然环保和可持续发展理念，最大限度地维护好藏区环境。通过可持续的长期投入，我们使西藏特色氆氇手工艺实现了真正的"活性传承"，助力氆氇从西藏腹地走向国际市场。

在我看来，有市场才是对匠人最好的保护。氆氇手工艺复兴意义深远：一是推动民族手工业提质增收，既保护和传承了传统手工艺，又发展了当地乡村特色产业，使氆氇传统工艺与现代设计相互融合，并碰撞出新的火花；二是帮助当地妇女属地就业。老一辈的藏族妇女人人都能织氆氇，我们把市场订单带过去，使她们可以一边在家里照

---

① 洗毛和染色都在当地户外进行，不便拍摄，故无对应工序图。

08 做羊绒，我是技术狂

技术援助西藏手工艺人，氆氇10年复兴计划启动

沙涓的西藏氆氇家居产品

静心守一：一个民族羊绒品牌的"隐形冠军"之路

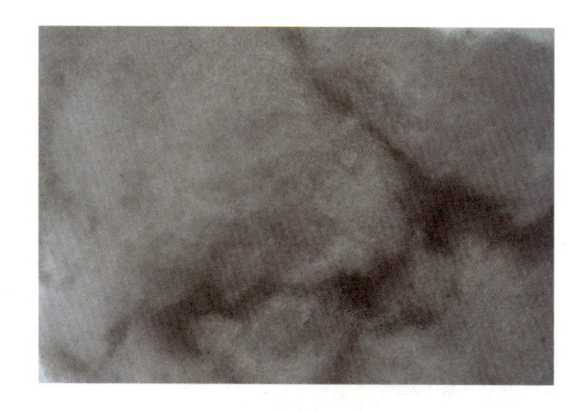

1. 原绒，筛选出已经去除杂质和羊毛的优质羊绒原绒

2. 梳绒，羊绒经过细致分梳才可以进行纺纱

3. 捻纱，通过纺锤和机器将羊绒捻纱成线

4. 绕经,绕经线使其排列有序并分布均匀

5. 穿经,用于确定经纱的密度

6. 配色,西藏氆氇产品设计中纱线的色彩搭配

沙涓的西藏氆氇家居产品

顾老人孩子，一边通过手工艺劳作获得一份不错的收入，进一步提高了她们的自信心和自我社会价值认知，同时也提升了她们的社会地位。

我希望将氆氇工艺作为突破口，去探索氆氇在羊绒上的翻新，进

而复原并升华西藏所有的传统手工艺。期待沙涓用始终不渝的情怀，在藏文化的土地上采撷到最古老的匠作之美。

  我经常会在远行的回首间，想起那句古老的箴言：请走慢一点，等一等这灵魂。

几近失传的古老工艺

10年前在日本，设计师小筱顺子从她的珍藏品中，拿出数年前她去内蒙古采风时发现的宝物，展示给我看。

那是一款全手工打造的披肩，我一下子就认出了这是蒙古族的擀毡制法，从极致精巧的做工中，可以看出其用心。你仿佛可以想象得到，彼时的匠人是如何地气定神闲，如何在那些天然的材质上、在广袤无垠的大地上挥洒着妙手偶得的灵感，将荟萃了全部才艺和慧思铸就的作品奉献出来。因为其中每一个图案、每一寸肌理，仿佛都散发着圣洁无比的光辉。

我站在这个艺术作品前，百感交集。这个触点仿佛是一簇火苗，一下子就点燃了我，我联想到了很多和家乡及那片水草丰美的土地相关的元素。

曾经，在辽阔的草原上逐水草而居的生活方式，让牧民们更依赖蒙古包。蒙古包又称"毡包"或"毡帐"，它们犹如碧海中的一叶叶扁舟，栖止与安顿着我们的身心，而全家人一起制毡的过程，始终是我记忆深处最温馨的一幕。一条毛毡制作完成后，人们心中那种胜利的喜悦，不亚于凯旋的将军正心满意足地观摩自己的战利品。

擀毡要求毛丝纤长，而且要纯手工作业，弹毛、铺毛、喷水、喷油、撒豆面、再次铺毛、卷毡连、捆毡连、擀连子、解连子压边、洗毡、整形、晒毡，13道工序缺一不可，每道工序都要尽心竭力，每个步骤环环相接。有时，用12斤羊毛擀成的毛毡，需要整整一天才能完成，再加上后期的修饰、整理，一条品质精良的毛毡，往往要耗时多日。

尽管蒙古族现在大多不再游牧，但曾经温暖过一代代牧民的古老工艺并没有过时。毕竟，在擀毡的千年传承中，仍蕴含着对我们今天的羊绒制造最朴素的"神谕"。

但近些年，随着老一辈擀毡艺人的老去和亡故，这一非物质文化遗产正面临着消失的危险。

我希望重拾这份回忆，把古老的手工艺以顶级羊绒产品的方式、以艺术的手法传承下去，让蒙尘的明珠重新闪耀于世。

我是个无比"轴"的人，这是我在德国工作两年留下的"后遗症"。只要是我认准的事情，万不可放过，除非将它变为现实！

但将畅想变成现实，我用了整整9年时间。

用9年还原千年

我记得无数人的抗拒和怀疑：在工业化高速发展的今天，谁会回到手工年代？谁会把一种记忆当作痴迷的理由？但无人懂我遍访毡匠时那种热血沸腾的快乐。

为了还原蒙古族最古老的纺织技法，我访问了很多内蒙古的手工艺人，他们中有年过古稀的老者，也有住在嘎查里的远房亲戚。他们都是居住在草原的普通牧民，虽然籍籍无名，但大都拥有"盖世绝活"。

在内蒙古传统手工艺行将消亡的今天，我从那些民间优秀匠人的身上，挖掘到了隐匿的宝藏。但他们所拥有的，往往都是支离破碎、不成体系的毛毡技艺，而且基本和羊绒无关，而我，想成为当代的"羊绒雕塑者"。

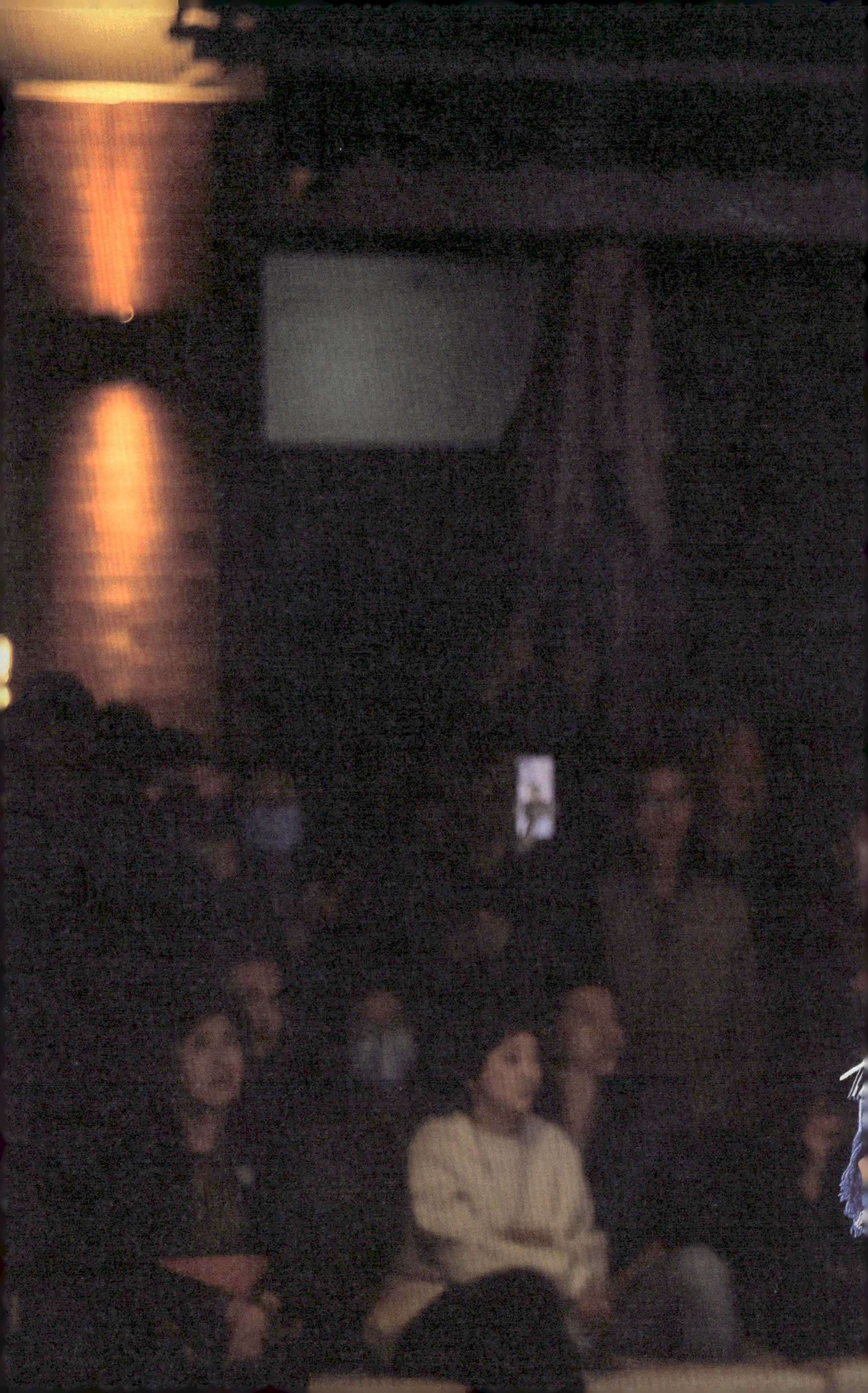

2020年"游牧之舞"大秀,毡工艺的呈现

其实，我对毡的制作从来都不陌生，这是以前内蒙古家家户户都会做的事情。春日收纳的羊毛除了捻线，大部分用于做毡，以抗寒保暖。毡在蒙古包内外、家中的炕上，随处可见。但过去的羊毛毡从未涉及服饰文化，要用羊绒这么稀有珍贵的材料传承这种古老的手法，并且加上创作，难度可想而知。首先，我们得将其和现代文化与审美结合；其次，我们需要本着"穿着舒适"的原则对擀毡工艺进行调整。小时候用擀毡工艺制作的衣服，原料大多是牦牛毛、羊毛的混杂物，较为粗糙，不亲肤，而我们现在追求和皮肤的亲密贴合，需要柔软舒服。

于是，我对悉心收集到的传统技艺进行重新梳理和组合，深钻毛毡制作核心技法，同时又研究羊绒的特征，发幽探微，对历史悠久的毛毡工艺进行了前所未有的颠覆性尝试。我调用了所有纺织业的基础和原理，重塑了一个品类：在千变万化的材料中，我将真丝、蕾丝、针织与梭织各种形态进行混合交融，取材本土，也借鉴海外。历经9年的时间，我终于完整还原了这种古老的民族工艺，将其完美地衍化到了羊绒产品上。

我独创的"羊绒毛毡手作雕塑"法，突破了人们对纺织品的常规认知——在无经无纬、无编无织的状态下进行手工创作，没有任何辅助工具，以五彩缤纷的颜料为媒介，假以双手，通过捻、揉、搓、捏等近乎雕塑的方式，层层叠叠地刻画羊绒产品，使作品呈现出别具一格的图案和意境。这不是流水线上的机械制作程序，而是才思喷涌的艺术创作过程。

因为力度、绒度、湿度不同，对于全手工的产品而言，它必须在不可控处寻找平衡和谐的支点，也在不断激发一切可能。羊绒纤维在

08 做羊绒，我是技术狂

内蒙古的毡工艺研发试验现场

静心守一:一个民族羊绒品牌的"隐形冠军"之路

法国版《AD》杂志刊登沙涓研发的产品

经历手工上千次拍打、翻滚重塑后,发生了奇妙的变化:在微观镜头下,羊绒纤维与水产生了化学反应,不同纤维之间构成交错纵横的织纹,这种织纹改变了两种材质的性状,剔除了羊绒的锋刺与水的湿滑,将温暖与酥软紧锁其中,通过绒毛的抱合缠索,立体塑造出一个个不可思议的产品,并以唯一性、不可复制性成为高端奢侈品,让一种古老的工艺焕发出巨大的生机。

也因此,我们的羊绒产品在业界成为首屈一指的产品,根本没有人能够超越——我们"玩"活了这种工艺。用这种经过改进的工艺,我们也制成了沙涓的羊绒披肩。这种羊绒披肩的诞生,需要经过多道非常复杂的程序:羊绒的原绒经过手工撕拉后变得蓬松,再借着手心的温度,进行长达36个小时的按摩、捏、压、挤等环节。针织底胚完成后,需要工匠师傅手工推出一根根细腻的流苏。铺绒的过程就像作画——极致轻柔地撕出想要的形状,铺在羊绒的底胚上面。

铺绒完成后,开始洒水。将肥皂水均匀地洒在上面,完全浸透后,双手轻轻地抚摸表面,就像抚摸婴儿般细心,持续15分钟左右。由于掌心的纹路不同,摩挲的方向有别,每一款产品的纹理均不同,每处细节都透露着独特的高级魅力。这样的羊绒披肩制作出来后,柔若无物,轻灵缱绻,将其搭在颈项之上,仿佛爱人的抚触,又似邂逅了一抹春光。

这种经过大力改造、脱胎换骨后的传统工艺,被我们称作"羊绒毛毡手作雕塑"艺术。双手是创造一切的来源,通过纯手工打造,用匠人手心的温度改变羊绒形态,形成散毛毡化的过程。看似原始的技法,却充满了自由创造的灵魂。

经历无数次反复试验和大胆尝试,2020年1月,我如愿以偿,将蒙古包和改良后的羊绒毛毡及其系列产品带到了巴黎国际时尚家居设计展（Maison & Objet），引发了强烈的反响。参加巴黎时尚家居设计展的3000位参展商大部分来自欧洲顶级奢侈品品牌，沙涓是中国仅有的三席之一，代表了中国民族企业的骄傲。

我至今都记得当时的盛况：整个展位观者如堵，别出心裁的布展让卡塔尔王室排队进蒙古包，欲一探究竟；而意大利同行则一遍遍地摩挲着精美的羊绒制品，希望解读出其中的"魔法"……络绎不绝前来的参观者，啧啧称赞着看到的一切。

在展览会上，很多客人都会好奇地问我，这个方法是新的还是旧的？这个是你发明出来的，还是民族原来就有的？法国艺术家克拉瑞（Clara）为之震撼不已：这才是真正的时尚艺术！

毫无疑问，我们的作品承袭了草原流传下来的工艺的精髓和气质，与当下的时空与情感产生了新的交集和融汇。遥远年代的蒙古族盛大礼仪中人们膜拜的神物，昔日蒙古族家庭中的精致纺品，被我们赋予了薪火相传的意义，并在推陈出新的羊绒产品中找到了传承下去的路径。

我喜欢这样的感觉。存在了千年的民族工艺，充分释放富于现代时尚的艺术气息，走入国际殿堂，这是对古老工艺最大的礼敬。因此，当我们的高端羊绒品牌在国际舞台大放异彩时，我的心中充满了无限的自豪：真正的艺术是跨越国界的，但只有民族的才是世界的，它能让真正的"美"消弭人与人之间巨大的差异，成为彼此相通的桥梁，联结起无数陌生的心灵。

零废弃

自2020年起,沙涓推出了全新"零废弃"设计师概念主题系列。这个系列秉承了品牌自成立以来的可持续发展态度,承诺在每一季羊绒成衣的制作过程中对原料100%利用,践行"零废弃"的环保理念。

2020年10月24日,Sandriver艺术羊绒2020秋冬时装秀在上海创邑SPACE老码头上演。这是品牌推出"零"系列,致敬自然的"天地人三部曲"的首次亮相。这场年度大秀以"游牧之舞"为主题,首次发布了沙涓"零废弃"设计师主题概念主题系列羊绒成衣。彼时,我们以浩浩荡荡的阵势把老码头创意园变成了一个大派对,用"零废弃"的理念,呈现了羊绒新概念。

我们也于同期举办了"先行者与践行者:Sandriver可持续发展主题展"。通过一幅幅展示蒙古族和游牧生活的摄影作品,以及沙涓在该领域所做的一点一滴,向观众阐发了品牌可持续发展的立场,呼吁全社会对环境保护及资源节约再利用的重视。

2021年,以"漠·曙"主题的秋冬大秀作为该系列概念的延续,也贯彻了沙涓所坚持的可持续、"零废弃"的概念,用实际行动回馈自然万物。我们将内蒙古的清澈记忆化为灵感,将来自草原的游牧精神带到都市和全世界。

从内蒙古草原深处的牧民一端,到上海老码头店铺中的消费者一端,这是千山万水的迁移。当我带着沙涓的羊绒围巾回到草原,把它交回牧民手上的那一刻,他们的快乐令我无比动容。

在朴实憨厚的牧民看来,交出去的时候还是一团脏乎乎的羊绒,当它们回来时,怎么就变成这么柔美的东西了呢?他们不敢相信自己

Signature

L

Sandriver

巴黎时尚家居设计展中Sandriver的展位

蒙语"零"作为纹样的产品,承诺践行"零废弃"理念

sandr

和这么美的事物有关系。但我要一直说——有关系的！我不仅对牧民们说，更对消费者说，从原料到设计、到工厂、到终端业务，一切都跟牧民有关系。曼哈顿第五大道上售价好几万的围巾，我们中国的牧民应该为它骄傲！

从这个意义来说，大地的回馈弥足珍贵，哪怕一丁点的材料都不应浪费，因为珍稀的资源与爱一样，都不应该被辜负。

据联合国预测，全球人口将在2030年达到85亿，同时服装消费量将从目前的每年6200万吨暴增到每年1.02亿吨。这个数字意味着服装供应链上巨大的资源消耗、劳动力投入和污染排放。仅次于石油行业，纺织服装行业已成为全球第二大污染行业。

在这种市场环境中，可持续发展不仅应该是服装品牌的利益目标，更应该是对环境保护的一种使命感。当你来到沙涓的匠人工坊的时候，才能体会到我们的品牌反复强调的精益管理与"零浪费"生产理念的精髓。

精益管理源于精益生产，也是我在德国工作期间的深刻感悟："在汽车制造的流水线上，每一个机械臂在完成一个动作后都需要对着监控（检测仪）扫描一下，确保该步操作准确无误，才会进入下一个环节。"

后来，这种理念体现在沙涓的每一个工艺环节中，也包括质量管控。由于高度自动化，车间需要的人员并不多。当针织衣片从机器上取出后，大致还会经过片检、套口、手缝、缝检灯检、缩毛、择毛、灯检、修检、订标、成品检验、废料回收手工等总共28道大的工序。而每个重要工序中，大约只有两三名师傅，通常1个人就可以负责10台机器，主要是监控机器的运转。一旦发现某个环节出现问题，他们会随时叫停，及时返工重新生产。这是我反复强调的精益生产原则——以最短的时间返回流程，不要让瑕疵走到下一个工序。因为没有瑕疵就没有浪费，就是在做一件环保的事情。

多米诺骨牌理论告诉我们，一根线头甚至1厘米的异色羊绒，就可能导致整张布匹作废。有效止损，降低不必要的消耗，我们就可以确保最后的成品100%的合格率。在沙涓的生产流程中，有一种叫作"回丝"的操作已经有许多年的历史了。当一批羊绒纱线进入生产流程时，工人们都要核对原料是否有损耗，少了哪怕1米长的纱线也要掉头找回来，将这1米长、几克重的羊绒废料回收。

这些看似无用的小线头，日后会成为"终身售后服务"时的法宝。客人几年前购买的衣服，用对色纱线，通过匠人的细细修补，羊绒纱就能重获新生；同时，这些纱线也可能成为艺术家、设计师二次创作的灵感，成为手工毡艺术作品的主角，唯一性产品就此诞生。

我们如此"敝帚自珍"，是因为这1米长的羊绒纱线，就是一头小羊羔一年产出原绒的1/20，所以我们绝不会丢弃。生产线上每道工序的工人，都将这个原则视作常规，奉行不悖。因此，沙涓秉持负责任的匠心"智造"，减少生产过程中的材料浪费，践行"零废弃"理念，实施艺术再创造。

在我们的工厂里，羊绒流水线上的余料、不再流行的库存衣物等，都会被一一回收。如何利用这些回收的余料？除了修补同色的羊绒织物，钩成手套、帽子，还能做些什么？让从可爱的小羊身上梳理出来的羊绒，再次化身为动物玩偶！当想象力和创造力被加入进来的时候，令人惊喜的事情发生了：这些原本散落在工厂各段生产工序里的"边角料"，在心灵手巧的匠人们的手中，变成了一个个令人爱不释手的羊绒动物玩偶。

手艺师傅们按照自己的节奏，慢悠悠地雕琢自己的作品：形式、颜色、大小……都随心赋形，除了动物，还可以是植物。于是，那些本要报废的羊绒，以另外的形式"复活"了。

在沙涓的整个系统中，所有塑料袋都会被回收，仅在店铺的流转中使用，不可再购买。也就是说，塑料袋购买预算不存在。产品售出的同时，更换包装袋，将漂亮的专属定制的环保丝带交予客人，同步回收塑料包装袋，以备再次使用。如此循环往复，塑料袋得到妥善的处理，绝不会成为环境的负担。

此外，沙涓所推崇的各类传统手工艺，都是环保及可持续发展理念的重要体现。像手塑羊绒毡、手工刺绣、手工缝边等纯手工的制作过程，最大限度地降低了现代工业机器的参与，在打造低碳生产线的同时，让传统手工艺发挥了更大的价值。而尽可能使用植染的准则，更是彰显了品牌在环境保护及杜绝资源浪费上的决心。

近几年，沙涓越来越关注环保，也因此越来越关注跟人相关的东西，所以我们开发了很多环保型产品，希望未来人们可以买得少一些，穿得精致一些，每一件产品都可以传承和延续下去。这也是沙涓品牌最希望倡导、希望影响到更多的人的精神。让我们共同行动起来，做一个可持续发展的支持者和践行者。

2022年11月11日，上海沙涓时装科技有限公司收到了总部位于纽约的联合国全球契约组织（United Nations Global Compact）的祝贺信函，欢迎沙涓加入联合国全球契约组织。作为中国第一家加入该组织的羊绒品牌，这不只是一封来自国际组织的祝贺函，更是对品牌价值观及10年可持续发展之路的认可，也体现了品牌持续履行社会责任、

羊绒桑蚕丝手工艺术毡大衣

羊绒桑蚕丝手工艺术毡无袖上衣

践行环保理念的决心。

如果做企业只想一家独大，或者将利益最大化，一味奉行丛林法则，个体很可能就会被"巨无霸"吞噬，"巨无霸"路过的商业领域将寸草不生。这种生态环境断然不是我们愿意看到的。所以，我们加入契约组织，在环保理念的倡导和实践方面，对所有的制造企业不仅是一种责无旁贷的引领，更是一份巨大的感召。

不可否认，可持续发展与个人、企业和社会都有着莫大的关系，沙涓在成立10周年之际，以加入联合国全球契约组织为良好契机，进一步推进绿色可持续发展战略，以高品质的中国"智造"产品，和消费者一起奔赴下一个美好的10年。

不与自然对抗，懂得敬畏，才有依恋与共存。

哪怕我们的步子走得缓，但慢而健康、稳而长远才是王道。

只要是我认准的事情，万不可放过，除非将它变为现实！

在我的逻辑框架里，我从不把"品牌"定义为一切虚无缥缈、似是而非的概念，我的定义就是"产品为王"。在没有极致产品前，奢谈品牌？这个定义"谋杀"了团队无数的脑细胞，合作伙伴甚至咆哮：没见过你们这种死磕的人。但没有这种死磕，没有挑战权威后的超越，我就拿不出突破性的产品，也就无法给那些曾经颐指气使的国际奢侈品品牌以有力的反击，就无法在行业中以最大的底气立于不败之地。

09
零退货率的奥秘

静心守一：一个民族羊绒品牌的"隐形冠军"之路

魔鬼藏在细节里

在制造业中有两种企业，一种通常会将产品外包，或者直接从制造厂采购商品；而另一种企业有相对健全的产业链，从原材料加工到销售全部独自完成，沙涓从创建以来至今，一直属于第二种。

我深知，只有源头采用了顶级原料，设计也站在了时尚之巅，制作工艺要求达到精细严苛，整个产品链条的品质才能统一，否则，产品质量就难以做到世界一流。

一般的羊绒衫，不管是经由手洗温柔地揉搓，还是由专业洗衣机分程序处理，都会出现或多或少的变形。为了防止这一问题，沙涓对工艺进行改造，匠人师傅们在螺纹起1厘米的位置加紧了密度，每一个袖口和下摆起头都加上了10行具有弹力的氨纶丝。这项匠心满满的举措，使得沙涓的羊绒衫不管是在日常穿着还是在洗涤过程中，都更不容易变形——"每一次呈现，都仿若初见。每一次洗涤，都如塑新衣"。

针线考究，针脚相对，一次性达到高标准——这些严苛的要求意味着品牌除了能打"硬仗"的技师团队，还要有珍贵的匠心精神。沙涓的技师以"完美收官"为目标，中间过程不允许断线，一气呵成、心手相连，便是一件佳作——衣服的里里外外、角角落落没有任何缝纫的痕迹，全手工打造，反面都可以穿。令人惊叹的是，这个出神入化的过程，他人根本无法解析是如何完成的。纵览世界时装领域，能达到如此精工制作的羊绒产品以前从未出现。

业内人士都知道，刻板的工艺会在很大程度上影响衣物的观感及穿着感。我们付出看得见的99%的努力，只是为了看不见的穿着体验再提高1%。将繁密的工艺数据化，也是为了展示沙涓追求极致和卓越的所有努力。

2018年，我们推出过一款1.0版本的双翻领羊绒衫，购买该产品的很多伙伴反馈说领部比较紧。因此，2019年我们做了工艺升级：加入分段密度的新工艺，在工艺过程中将领口分成5~6段，该紧的紧，该松的松，渐次过渡。这一工艺升级，仿佛在衣物上加入了可以自动调节脖颈松紧的黑科技。下方螺纹紧致，服帖简洁；上方螺纹宽松，舒适自然。这是一份匠心制作，是专属于消费者的"玉颈呵护器"。

由此可见，沙涓持续聚焦品质的不断提升，时刻以挑剔的目光审视产品品质。譬如对羊绒衫起球问题的处理。众所周知，但凡100%羊绒含量的羊绒衫，起球的现象是不可避免的，这是由其天然面料的属性决定的。

在上文所说的双翻领羊绒衫2.0升级版本中，工坊的匠人师傅为了最大限度地解决这个问题，对工艺进行再次升级，这也直接促成了制作过程中拉密的革命性优化：10行拉密加紧11.8%，固定单纱的捻度提升5.25%，双纱的捻度提升8.6%。通俗来讲，这一工艺将羊绒衫起球的概率降到了最低。20世纪世界最著名的建筑师路德维希·密斯·凡德罗（Ludwig Mies Van der Rohe）在总结他的成功经验时，曾说"魔鬼藏在细节里"。因此,我们对产品的每个"细枝末节"都做到了精益求精。

10年前,我曾经拿着设计图在江浙沪一带寻找制造厂,却遭到了许多厂商的拒绝,因为他们接受不了我们与爱马仕一样超高的质量把控标准。有些企业以量取胜,而真正追求高端品质的厂商则成为"清流"。所以,国内品牌要想生产出奢侈品,制造和质量把控水准还有待提高。在我的心目中,无论时代如何变迁,质量永远是最高的原则,一切包装、一切推广、一切宣传,到最后还是用产品说话。不管我们有多少动人的品牌故事,有多少美好的情怀,都要服从产品的高质量要求。

为了保证超水准的品质,以及不浪费宝贵的羊绒,我们不惜降低产量,并保留技艺精湛的手工师傅,还在每一个环节都安排了缜密的检查工序。任何不符合检验标准的产品都将被打回重做,哪怕只是袖口一个小小的错针,都会被细心的检验人员看出来。以羊绒衫的拍毛为例,在匠人快速拍打的过程中,所有的杂毛——甚至细不可见的尘埃,都会被手工剔除。

从羊绒基地到成品最终发往全球,每一道工序检验一定要保证零瑕疵——一遍遍推翻,一次次修正,看不到完美的尽头,只有对卓越无止境的追求。或许对于很多人而言,这种对瑕疵的零容忍甚至达到了极端苛刻的程度,但也正是这种令常人觉得无法理喻的苛刻,让沙涓赢得了所有客户对品质的高度赞誉。

在我的逻辑框架里,我从不把"品牌"定义为一切虚无缥缈和似是而非的概念,我的定义就是"产品为王"。在没有极致产品前,奢谈品牌!这个定义"谋杀"了团队的无数脑细胞,合作伙伴甚至咆哮：没见过你们这种死磕的人。但没有这种死磕，没有挑战权威后的超越，我就拿不出突破性的产品，也就无法给那些曾经颐指气使的国际奢侈品品牌以有力的反击，就无法在行业中以最大的底气立于不败之地。

正是一切看似死磕的"轴"，往往创造了他人求而不得的东西，因为经典的就是要近乎完美无瑕的，永恒的就是要臻于至善的。

在我看来，质量是产品的生命线，是产品最好的代言人。任何一个优秀的品牌都拒绝粗制滥造。整个品牌团队对品质坚守的执着，成全了沙涓，使其受到海内外顾客的一致青睐。由于顾客看不到制作过程，所以产品成了唯一的传播介质，顾客通过购买对产品表达了高度认可，我们在双向的互动中促进了品牌的良性循环。

来自顾客的认可

随着认可越来越多，沙涓收获的，是实实在在的顾客。"产品品质必须永远第一位，第二位才是创新与创意。"不论走到哪儿，我都会这样强调。

创立10年来，沙涓始终怀着一颗"布道者"般的虔诚之心。在竞争激烈、乱象纷纷的市场背景下，坚持将超一流的产品和服务献予顾客，持守着喧嚣之外的高雅与安静、定力和耐心。

我曾和记者由沙涓谈及爱马仕的围巾。爱马仕围巾的图案正反面都一样，印花非常清晰，许多品牌都在模仿，却达不到这样的效果。实际上，不是其他品牌的技术不到，而是耐心不足。其实达到正反图案一致并非难事。爱马仕的围巾都在法国南部生产，它运用的是最传统的印花工艺，业内称之为"冷炼技术"。例如，当你要给围巾染红色，那么染上染料之后需要放置10个小时左右，让染料自然、充分渗透。当红色染好后，才可以再染第二个颜色。这是需要时间和耐心的。

但我们国内大部分企业没有这个耐心，它们采取的是机器染色。同样染红色，它们会在布料下放置一个加热板，让染料速干。但是如此快速，染料是无法渗透到布料另一面的。这是自然的魔力，1分钟都省不得。国内很多企业求快、求效率，也就达不到高品质的境界了。

在我看来，追求品质，需要心静下来，走得越快，品质就离我们越远。正所谓宁静致远，大道笃诚。与我们合作过的新锐设计师路易斯（Louis）曾说："从欧洲到中国，我去过非常多的制造工厂、面料供应厂商，沙涓的工厂是我见过最干净的。"正所谓"窥一斑而知全豹"，我们将对高品质的要求细化到每个环节，以保证产品整个链条的自洽融通。

我清晰地记得，2015年11月，沙涓国际官网刚试运营不久，来自德国的客户服务中心反馈了一件事：一位名叫John的德国客户，因为敦豪（DHL）派送失误，准备将其在沙涓国际官网上购买的产品退回。恰巧的是，John的女朋友无意中打开原本要退货的包装箱，发现产品的精致度完全出乎预料。于是，John打电话到德国服务中心说，沙涓无论产品质量还是包装都非常令人惊喜，他的女朋友特别喜欢，另外随赠的手写祝福语更是让他们感动不已，所以他们决定不退了，心甘情愿为产品付费。

听到来自顾客的购买体验小插曲，我欣慰之至，甚至一夜未眠。

没有什么比顾客对产品的满意更让我们开怀了。为此，我还特意跑去和负责产品包装的同事说："小周，你看，爱是会传递的——跟着所有的产品，我们看不到的磁场，会传递到别人那里去。我们每个人真诚以待，就有了这样的结果。"

全球最大的汽车零配件企业博世的创始人罗伯特·博世曾说过："我宁愿失去金钱，也不要失去顾客的信任。"更何况对于我们销往海外的产品来说，如果质量有问题，无异于自寻死路：14天无理由退换货，进口增值税、进口关税，再加上国际快递费，如此之高的费用是我们无法承受之重。即便单从这一点来衡量，我们也无法掉以轻心。

虽然德国的互联网销售退换货率高达75%，虽然沙涓在国际市场的价格是国内的近乎1.8倍，但是这些年来，沙涓在欧洲市场的退货率为零。

2012年进入日本市场时，沙涓接受了日本权威的服装检验公司乐谊的检验，各项指标均达到最优。正如广告《致匠心》中所说："没有理所当然，就是要在各种变数、可能之中，仍然做到最好。"

产品背后的那些人

我们位于上海金山区的工厂于2002年建成，彼时，这里还只是沙涓的前身，一家技术精湛、有口皆碑，获得国际品牌认可的代工厂。在电子商务还没有如此发达的年代，对产品的严格把控、对核心工艺的研究，成为我们笃行不怠的初心。

如今，你在这里不会听到日夜聒噪着赶订单的机械声，时间在这里以悠然自得的方式潺湲而过。几乎没有噪音的工作环境，才能让每个手艺师傅静下心去完成一件件"艺术品"。

沙涓的员工80%是工龄已有20年的老员工，他们在光阴的轮回中，将熟能生巧的技能，变成一件件华裳之上无可挑剔的细节之美，借此，也让沙涓完成了一次次超越。

陈燕：44岁，总检

25岁加入沙涓的前身工厂前，陈燕曾在别的服装厂从事检验修补工作。

如果说针片检验是检验的第一关，那么总检便是收尾的最后一关。一件衣服经过二十几道工序，最终来到总检手上，等待出厂前最后的检验。

总检除了检验产品是否符合标准，还肩负着最后的补漏、整理工作。只看她将一件衣服轻轻提起，一捏一收之间，对比尺寸长度；左右翻折，检查缝线、领标、洗标；利落剪去每一个细小线头；整烫平整后折叠。一系列动作一气呵成，如果遇到小的漏洞，她还会拿起钩针细细挑补起来，十分全能。

以陈燕的经验，线头不多的话，1分钟左右就可以完成1件。造就神速的背后，是十几年经验积累的结果。总检需要对每一道工艺都烂熟于心，这样才能从宏观角度迅速做出判断。打个比方，如果套口缝合没有达到要求，衣服不得不拆，她会告诉套口的师傅问题出在哪里，解决办法是什么。

因为在每个岗位上都锻炼过，已经没有什么工序能难倒陈燕了，对整个流程的了如指掌，几无差错率的"战绩"，成为陈燕职业生涯的勋章。

其实对于陈燕而言，这不仅仅是一份赖以谋生的职业，更是一种价值的体现与情感的寄托。她与沙涓早就在十几年同甘共苦的过程中建立起了深厚的情谊，在她心里，与沙涓的共生是一场灵魂的互相滋养。

陈燕懂得，自己为之付出了全部青春和热血的企业品牌，如果做得不好，就是打自己的脸。聊起与品牌相关的点点滴滴时，她表现出的由内而外的快乐总是感染着周围的人。沙涓的品牌文化在这一刻折射出了别样的魅力。

岁月不居，时节如流，却让驻足于时光深处的每个人都变得与众不同。沙涓的每一位手工师傅都有自己的绝活——鬼之艺，匠之气，这让他们在一针一线间尽展手指上的"魔法"，在一雕一琢中创造方寸天地的精彩。正所谓工于技，灵于艺，美于形。从原料到纱线，从面料到成衣，丝丝绒线，柔糯温暖，处处惊艳。

每一件沙涓作品的背后，都有一大批匠人的默默奉献。她们大匠运斤，术达近道，用5年、10年甚至20年造就非凡手艺，在自己的工艺环节中发光发热。时代的列车呼啸向前，在一切遽变之中，唯有根扎大地的才能丰茂于百草。而沙涓就像一条沉静的河流，在喧哗之外，遵照自身的哲学迤逦而行，蔚成风景。

蔡慧玲：37岁，套口

蔡慧玲2003年入行，至今在沙涓已工作了20多年。

与厂里大多数上了年纪的师傅不同，她是比较年轻的手工师傅之一，气质清雅娟秀。她说话时很温柔，性格却格外开朗直爽。她虽然才30多岁，但20年的工作经验不可小觑。

蔡慧玲擅长的是套口工艺，这是一种通过套口车，将两片衣料连接缝合的工艺。这种工艺听上去似乎轻而易举，殊不知却暗藏玄机。仔细观察，你会发现套口车圆盘的边缘向外，排列着密密麻麻数百根细针。

这道工序如果由别人把持，一定会胆战心惊，但她操作起来却没有想象中那般小心翼翼：只要将一点对齐，一手轻轻抚住衣片，另一手轻拉衣片末端，脚下踏板一踩，在你还没来得及看清的时候，工序就走完了。

这样驾轻就熟的动作，实在是令人觉得不可思议：几十上百根细针，是如何快速对齐衣片上的每一个小孔的？这在我们眼里简直难于登天的事情，到了她那里却举重若轻。只要她信手轻轻一带，那些针与孔便能严丝合缝地完成对接。

小蔡说："套口其实特别伤眼睛，尤其是黑色衣料，放在机器上看不清楚。现在一下子套上去，其实都是靠着感觉走，时间长了，水平就上去了。"她提到的"感觉"是一门"玄学"，其实并没有那么简单，第一步就是得牢记很多种套法，从学习到熟练，最起码需要一两年时间。如今，不同工艺的衣片一拿到手，她马上就能知道该怎样做。

早期，这种手艺都得跟着师傅学，没有什么捷径，就是靠勤学苦练。但目前这种手艺出现了断层，还在做的同行大多都已有三十几岁。

套口需要高度的专注力，往往还会对眼睛、颈椎造成很大的伤害。即使是拥有丰富经验的师傅，手指还是容易在操作中被误伤。家人也曾经劝她趁年轻赶紧改行，但她心里仍然有坚持的理由："套口这种手艺，机器代替不了，只能靠手工完成。这种手艺现在太缺人了，连愿意学的人都找不到，我也做得很熟练了，没想过改行。"

套口这个岗位是按件计酬的。如果是复杂的样式，每天大概能套10件；普通的样式大约可以套20件。难度高的衣服，单价自然也较高，这样算下来，月收入大概能有七八千元。这在许多年轻人眼里算不上丰厚的酬劳，但像小蔡这样会感叹手艺后继无人的手工师傅们却仍在坚持。也许对她来说，看着一件件美服在自己手中成形，才是最有成就感的事情。

姚彩：37岁，针片检验

姚彩入行十几年，2019年加入沙涓，专心于针片检验。

她是坐得离百台斯托尔针织机最近的一位师傅，是衣片从机器上取下后的第一位把关者。她不仅需要对每一件衣片的长短、弹性、漏针等状况进行仔细的拉密检验，筛选出需拆线的问题衣片，同时还需要修整小瑕疵，减少废片率。因为遵循"零废弃"的生产原则是所有沙涓人的共识。

坐在姚彩旁边看她工作，很容易看得入迷。她始终心无旁骛，如高僧入定，不受外界的任何打扰。只见她手里拿着衣片，熟练地钩、挑、拉、织，因为她对绒线的粗细、材质、花型，以及不同种类的针法漏洞如何钩织等细节早就了然于胸，所以她的所有动作起承转合间如同行云流水般干脆利落。一件件衣片就那么看似游刃有余地修补完成，但其实这种流畅无碍，是通过经年累月的磨炼而达成的。

随着这些年经济的发展，服装行业的匠人流失严重，姚彩这种纯

静心守一：一个民族羊绒品牌的"隐形冠军"之路

沙涓的手工匠人在套口

沙涓工艺师在手缝双面羊绒大衣

沙涓老厂长在进行机器织片检验

手艺的工种已经很少有人愿意做了。工厂曾经也招过不少学徒和年轻人，但在日复一日看似枯燥的重复劳作中，太多人因抵挡不住诱惑而离开。她常常逢人就感叹："现在的年轻人静不下心来了，前几年的时候，很多人都去了电子厂，电子厂比服装厂轻松舒服。"

服装工艺在千变万化中提升了用人标准，需要勤学苦练，若是缺少了灵性，那么再怎么努力认真，似乎都会差一口气。这是一项极度需要耐心、细心和慧心的手艺。她在这方寸之地一坐便是十几年二十几年，工厂以外的世界，她没有那么关心，只要将目光牢牢锁在手指翻飞间织就的每一件羊绒衣片上，她就能获得足够的满足和欢喜。

由"器"至"道"

当今的世界，"快时尚"正在成为潮流新宠。追逐时尚的人们习惯于频繁地购买，随意地弃置不用，很多企业也因为一味追求"快时尚"而失去了曾经坚守的"阵地"。但无论时代如何变迁，沙涓始终追求至臻。

在"质量至上"的原则指引下，沙涓只开设精品门店，不加盟连锁，不依赖资本快速地"跑马圈地"，哪怕是通过产业内的资本。这种"慢心态"在快节奏的商业领域，似乎显得格格不入，却不乏太极的精髓：以慢为快，以笨为巧，以少为多。

在我看来，我们将羊绒服饰作为艺术品和精品来锻造，不仅仅是把握潮流时尚，更是推崇厚德载物，至善若水。这是一种在当今喧嚣浮躁世界中难得的虔诚和朴实，也是中国企业走向世界顶级品牌的希望之光。

静心守一：一个民族羊绒品牌的"隐形冠军"之路

我希望呈现属于中国人自己的智慧结晶，体现我们整个工业中的工匠精神，探索民族品牌之路，进而重塑世界对"中国制造"的印象。2019年10月，上海市总工会把2019年"上海工匠"的称号授予了我。"工匠"这个荣誉，无疑是对我专业度的高度褒奖，也是对我们品牌一路走来的充分认同。

2020年5月，我荣膺"2019年度上海市质量金奖"，成为金山区首位获得市质量金奖的个人。该奖项是上海市人民政府设立的最高质量荣誉之一，所有获奖企业在质量管理水平、自主创新能力、经济效益和社会效益方面都处于上海市乃至全国同行的领先地位，具有示范作用。而获奖个人也是在全面质量综合管理方面成绩显著，对上海经济和社会发展作出了卓越贡献的杰出代表。3年后，我又代表上海申请第五届中国质量奖。"质量"这个关键词始终是我的标签。

沉甸甸的"金杯"对我来说，是肯定，更是鞭策。我愈加坚信，做中国原创品牌非常正确，假以时日，我们"中国制造"定会在世界上发出最强音。在我的带领下，沙涓公司也屡获上海"专精特新企业""上海品牌发展示范企业"等称号，2019年，沙涓品牌被列入《第三批上海市重点商标保护名录》。

2021年7月，具有全球影响力的ELLE active女性盛会再度在上海举办，主题为"非凡伙伴、非凡未来"，邀请了众多重量级女性嘉宾。我作为女性创业者也有幸参加，聆听了伙伴们丰富多彩的创业故事，并与很多企业家一同探讨女性力量和远景目标。在大会上，我做了发言："创业本身就是一个自我迭代的过程，我用静心守一概括我始终未变的追求，那就是代表中国羊绒品牌走向世界，告诉全世界消费者，什么才是真正的'中国制造'。30年坚守一个产业，脚踏实地地仰望星空，心怀梦想而不惧艰难。我始终相信当代女性是与这个时代同频共振的，照亮别人的同时，不忘自己的灿烂。"

同年，上海市发布了《上海市先进制造业发展"十四五"规划》。规划提到的主要目标就是到2025年，上海的高端产业重点领域要从国际"跟跑"向"并跑""领跑"迈进，为打造成为联动长三角、服务全国的高端制造业增长极和全球卓越制造基地打下坚实基础。

沙涓作为"上海制造"的代表之一，理应为实现这一宏图慨然以赴。

业界曾有一个观点，我深表认同——"大部分新消费品牌止于'器'的层面，而具有长期价值的品牌则会进化至'道'。"我希望自己与沙涓都是长期主义的秉持者，专于一事，潜于一心，由"器"至"道"，大象乃成。最终，就像老子主张的那样："致虚极，守静笃，万物并作，吾以观其复。"

在我看来，对卓越的追求，对品质的坚守，不应该是靠职业信念和专业操守打造的"孤本"，不论是我个人还是整个沙涓团队，单凭我们的努力还远远不够，只有每家企业都践行行业的高标准，中国企业才会成为行业的佼佼者，甚至是世界领域的"领跑者"。2020年8月22日，在深圳创新创意设计发展办公室、国家品牌馆主办的"品牌与国家论坛"上，中山大学国际品牌营销学教授卢泰宏发表了主旨演讲。在演讲中，卢教授总结了企业发展的三条道路：第一条道路是通过规模的壮大进入世界500强，此时它追逐的目标是规模为主的强大；企业发展的第二条道路是上市公司，此时它追求的是快速扩张；而第三条道路的品牌在某种意义上有更高的情怀、更大的理想、更大的抱负。卢教授援引"现代营销学之父"米尔顿·科特勒（Milton Kotler）先生的说法，将其称作"品牌激情主义"。当天，卢教授把沙涓与华为一起作为杰出案例，予以了细致剖析。他说："做品牌是要在历史上树碑立传，是要在历史的长河中受到人们的尊重，是要对人类的长期发展做出不可磨灭的贡献。"

当我一次次回望羊群如珍珠洒落的牧场，当我在万里山河中看到一个古老民族跋涉的身影，当我在人类历史的苍穹看到闪耀的群星，我便知道，我们应该将什么镌刻于生命与历史的碑石上。

追求品质，需要心静下来，走得越快，品质就离我们越远。

爱是会传递的——跟着所有的产品，我们看不到的磁场，会传递到别人那里去。我们每个人真诚以待，就有了这样的结果。

以慢为快，以笨为巧，以少为多。

作为一个新兴品牌,我们有着先天的短板:我们长于制造而不懂品牌建设,奢侈品运维人才奇缺,也不熟悉高端品牌的运作路径。这对于我们拓展国际视野、打开海外市场,显然是非常不利的因素。所以,品牌建立初期,我们基于国际化市场的定位,也广纳世界人才。

10
办公室是个小型"联合国"

众所周知，全球化是世界经济的未来，作为"隐形冠军"，谋全局者而不拘一隅，为了秉持品牌国际化的设计运作，我从一开始就不走寻常路。沙涓从诞生那天开始，就计划把自己放在国际市场上一较高下。

作为一个新兴品牌，我们有着先天的短板：我们长于制造而不懂品牌建设，奢侈品运维人才奇缺，也不熟悉高端品牌的运作路径，这对于我们拓展国际视野、打开海外市场，显然是非常不利的因素。所以，品牌建立初期，我们基于全球化市场的定位，也广纳世界人才。

这种"航向性"的引领，帮助我们避免了走弯路甚至误入歧途的危险，同时更给我们提供了一条走向世界的通衢大道。因此，这些世界级大师和营销专家提供的无论是战略上的指引还是战术上的指导，对于一个正处于成长中的、矢志于国际化之路的品牌而言，都是至关重要的。

"请进来"的世界级管理专家

为了精准掌握国际奢侈品消费的脉搏，我们邀请了在奢侈品管理方面颇有造诣的海外专家学者，组建了我们的品牌策划、设计及顾问团队，以最科学的方法指导品牌推进的步伐。顾问团队包括法国

10 办公室是个小型"联合国"

KEDGE商学院奢侈品管理方向的米歇尔·古泽兹（Michel Gutsatz）教授、著名营销学大师扬-本尼迪克特·斯廷坎普（Jan-Benedict Steenkamp）等世界级的专家学者。

米歇尔·古泽兹教授是全球奢侈品行业泰斗级的人物。1995年，他在欧洲著名的埃塞克高等商学院（ESSEC）开设了奢侈品品牌管理专业的工商管理硕士（MBA）课程，是欧洲第一个开设奢侈品MBA课程的著名学者。作为在业内首屈一指的巨擘级专家，他不仅有着丰富的欧洲奢侈品管理经验，而且对中国的奢侈品消费市场的阶层构成、购买力如数家珍，并对其发展趋势做了充分调研，作出了前瞻性的预判。他认为，年轻的中产阶级女性正在成为奢侈品购买的主力军，这与我们沙涓的重要客户目标群体是基本一致的；经过2008年的那场金融危机，他敏锐地意识到，"人们希望买到有意义的东西，买到智慧，购买的时候寻求自由"。他认为，这给奢侈品厂商提出了更高的要求：要关注产品的原创性，质量要做到足够高标准，顾客能享受到细致全面的服务，品牌要具备持续性等，而这些，与我们努力的方向更是高度契合。

如果说古泽兹教授是我们国际化战略的指导者，那么，美国北卡罗来纳大学肯南弗拉格勒商学院教授、市场营销学系主任扬-本尼迪克特·斯廷坎普，则是我们品牌进入全球商学院案例的关键者，也是品牌走向全球的推广大使。早在2013年，我与斯廷坎普教授就在中欧国际工商学院举办的论坛活动中相识。在他演讲结束后，我分享了刚刚建立的沙涓品牌的故事。教授坐在下面，让翻译逐字逐句译给他听。他听得非常认真而专注，我感受到了教授的兴奋。后来我得知，那一刻的他吃惊于当时在作为世界工厂的中国，竟然有这样一个追求卓越品质的品牌。

论坛课程结束后,斯廷坎普教授告诉我,他希望把我们的发展路径写成商学院案例。此后,他数次带领团队飞来上海,进行了长达两年的追踪调研。他深度剖析我们的优势、定位及未来,还有我们的全球化战略。每天哪怕到了吃饭的时间,他手里都拿着笔记本飞速地记录。他是一个真正的研究型学者,看到中国制造的转型与重新定义后呈现出的积极变化,他表现出了极大的热情。

在做完了周密翔实的调研后,斯廷坎普教授用了整整39页来条分缕析沙涓的品牌发展之路,并在成功发布该报告后,将其纳入了全球商学院的案例库。通过在世界案例中心的网站（www.thecasecenter.org）,全球各地商学院的授课教授均可以下载使用该案例,我们也成为为数不多的进入世界级案例中心的中国品牌,成为中国品牌转型升级、国际化拓展及精品品牌打造的典型案例,并得到了广泛传播。

2017年,斯廷坎普教授在他的专著《全球品牌战略》中,将沙涓作为一个非常具有代表性的中国品牌,予以隆重推荐。而他在美国、欧洲及中国的商学院授课时,也经常以沙涓为例,详细解析一个在困境中崛起的中国羊绒品牌以原材料优势和非凡品质进行全球市场拓展的成长史。他用一句话精辟地概括了沙涓的定位——中国廉价产品的终结者。

几年前,斯廷坎普教授在清华大学授课,他用了两天时间进一步解读我们品牌的成功密码,希望给当下的"中国制造"更多启发,让制造企业在高质量发展中找准方向。

作为世界顶级的营销大师,斯廷坎普教授也曾为沙涓提出过非常有建设性的参考意见:一是考虑在北京首都国际机场、上海浦东机场、香港国际机场、英国的希思罗机场等国际机场建店。因为那里人流量很大,人群也足够高端。二是做一些知识产权注册类工作,保证前期市场教育成果不被剽窃。"法国人已经规定,只有波尔多某个产区的葡萄酒才可以叫波尔多葡萄酒,你能不能也得到一个国家认证,比如说,只有某一个地区的羊绒才可以被称为顶级羊绒?"教授宝贵的建议大部分已被我们采纳。

几年前我去往美国看望教授及他的夫人,他们热情地带我进行美国市场的调研,所到之处,均对我们品牌进行了介绍。斯廷坎普教授不遗余力地宣传与推广,对我们品牌的发展壮大起到了巨大的助推作用。

中国"隐形冠军"的总规划师

有位作家曾经写过对德国人的印象:德国人好像对财富不张扬,除了气质和行为举止上有高雅和平凡的区别外,外表上很难看出阶级之分。

德国人这种儒雅谦和、平易近人的风格在赫尔曼·西蒙教授身上体现得尤为充分。

无论我什么时候去德国,都给予我无微不至的关照,让我享受到宾至如归感觉的西蒙教授,在很多人眼中,是一个富于传奇性的人物。这种传奇性不仅体现在他身份的巨大转换上,更来自他开创性的建树。

作为第二次世界大战后联邦德国的一名军官,西蒙教授退役后投身经济学研究,成为继"现代管理学之父"彼得·德鲁克(Peter

Drucker)之后颇具盛名的世界级管理学大师。在"全球最具影响力50大商业思想家"（Thinkers 50）中，他是唯一一名德国人。

他的代表作《隐形冠军：谁是全球最优秀的公司》（以下简称《隐形冠军》）一书多次再版，畅销不衰。他不仅定义了一种商业趋势，也为许多迷惘困顿的中小企业指点了迷津。西蒙教授也因此被誉为"隐形冠军之父"。

作为沙涓的引路人，赫尔曼·西蒙教授更担当起了我们品牌总规划师的职责。我们品牌成立不久，他就对我指明了前进的方向：

"你的企业完全具有'隐形冠军'的潜质，你一定要坚持自己的理念和做法，一定要坚持全球化的步伐。无论是产业链的再造，还是所有生产线的把控，你都要坚持精工细作，你的企业非常有希望成为羊绒领域的'隐形冠军'！"

在《隐形冠军》的尾声，西蒙教授专门设置了一章"中国隐形冠军的征程"。在谈及"中国隐形冠军样本"时，他特意推介了沙涓，称我们是"一家不多见的消费品领域的隐形冠军"。而且在这本书里，他多次提到了我们的品牌，爱惜呵护之情，溢于字里行间。

"你是真正的隐形冠军"

回忆我们相识的过程，仿佛清晰如昨日。

2015年6月，因为一心想探究和学习德国工业发展的奥秘，我和10多位中国企业家组成考察团来到德国。作为业界最权威的管理专家，赫尔曼·西蒙教授受邀为我们的考察团做了一场解读德国中小企业运营的精彩演讲。

彼时，出现在我们眼前的西蒙教授身材高大、面容清癯，虽年近七旬,但他的眼睛里仍闪烁着睿智的光芒。尤其是当他以自己渊博的学识、翔实的数据、具有前瞻性的远见,对这些来自遥远的中国的企业家"传经布道"时,我看到了一位真正有远见、有格局的世界级管理大师的高度和境界。

让我们感动的是,他不仅给我们分析了中小企业在国际领域的发展前景,提出了诸多颇具建设性的管理策略,而且对前进中的我们予以了极大的鼓励。演讲过后,我和西蒙教授进行了简短的交流,他耐心地倾听我对沙涓的介绍,并回答了我的一些问题。

在西蒙教授深入浅出的讲解下,那些困扰了我很长时间的疑难问题终于得到解决,而我也感到了"春风一过天地宽"的释然。第二天,在考察团去往别的城市的路上,我惊喜地收到了西蒙教授的邮件,邮件里他勉励了仅有一面之缘的我。后来我才得知,沙涓是西蒙教授在研究众多中国企业资料后,甄选出来的唯一一发邮件的"幸运儿"。这是因为,沙涓走的深耕细作之路、认准国际化市场的悬鹄,正是西蒙教授大力推崇的,我们的观念高度契合。

那时,沙涓正处于艰难的上升期,来自世界级权威专家的认可,让我的心头涌过阵阵热流,于是坚定了自己选择的品牌国际化的战略,以及坚守品质制造的定位。西蒙教授的激励无疑成为我迎难而上的莫大动力。在这次沟通之后,西蒙教授也正式把沙涓纳入了他所研究的中国"隐形冠军"企业的行列,并予以了特别关注。

2015年10月,在上海举行了"中欧国际工商学院2015全球管理盛典——商业世界的变局与常道"论坛。受邀出席这次论坛的西蒙教授提前一天抵沪后就约见了我。尽管日程表安排得满满的,他仍然抽出宝贵时间,用了整整一个下午与我分析沙涓的现状与未来,并提出了适合沙涓长期发展的中肯建议。随之,他再次给我打了一针"强心剂":"你是我目前研究的所有中国企业中,三个最具'隐形冠军'潜力的企业之一。你是真正的'隐形冠军'!"

第二天在论坛上,西蒙教授发表了主题为"隐形冠军:未来全球化世界的先锋"的演讲,介绍了"隐形冠军"这支加速全球化进程的中坚力量。让我万万没想到的是,在这场千人国际盛会上,西蒙教授不仅为中国企业的国际化之路建言献策,而且在演讲中,他对沙涓进行了郑重的推介:

"'隐形冠军'高度专注于自己的能力和市场,他们通过深度价值链创造自己独特的产品,保护自己的专业知识和技能。它们把专注力和产品的专业知识与全球的销售、营销结合在一起。我给大家举一个例子,在中国,一些企业家就是严格遵循这些'隐形冠军'的战略的,比如沙涓。"

讲到这里的时候,西蒙教授突然叫我的英文名字:"Juliet,Juliet! 来了没有?"正坐在台下认真聆听的我,因猝不及防地被"点名"而错愕。当全场的目光都在搜寻被教授"钦点"的"Juliet"时,我也站起来予以回应:"I am here(我在这儿)!"

接下来,西蒙教授与企业家们分享了沙涓的成长路径。在整场演讲中,西蒙教授提到的唯一的中国企业就是沙涓。在演讲结束后的圆桌会议上,西蒙教授也以沙涓为样本,谈到企业家应该具备的忧患意识:

"很多中国企业认为没必要走出国门,因为中国市场已经够大了。问题是,你不出去,就有可能被外国人进来抢占市场。你现在在家门口活得很好,并不意味着未来不会和全球竞争。一旦别人把比你更好的产品卖到你的家门口，你就再也不会有安稳日子过了。而沙涓就是居安思危的品牌代表，简单专注，目标直扑全球市场。这就是榜样！"

中场休息时，很多企业家都在展销大厅推销自家的产品，而我们展示的产品几乎在一瞬间就被抢光了。与会代表对我们的羊绒制品啧啧称赞："这就是西蒙教授分析的那家企业的产品！"

由于西蒙教授的大力举荐，沙涓在这次论坛活动中大放异彩，成为很多人眼中"隐形冠军"界的新星。短短的一个月之后，我收到了一本书，它是西蒙教授用典型的德国邮政方式寄过来的新作。在书的扉页，他给我写了很多寄语，还写了亲笔信。他说，自己还会继续深入研究沙涓，衷心希望沙涓能成为与德国企业媲美的、真正的"隐形冠军"。

在那之后，西蒙教授又在很多国际管理学论坛与演讲中不断地主张，中国需要"隐形冠军"，他建议企业家向沙涓取经，做中国的"隐形冠军"，甚至把我们的案例发给世界各地商学院的教授，强调这是他见过的最好案例："在一个充满竞争力的市场中，沙涓着眼于市场的顶端，将源自全世界的艺术与技术结合在一起，生产出独特的羊绒制品，使之兼具出众的触觉与现代时尚的美感。"因此，他希望将沙涓这个代表中国新制造的品牌推广到全世界。

谦谦君子，温润如玉

西蒙教授曾多次来中国，对中国抱有非常深厚的感情，在这份纯粹的感情中，没有羼杂任何的利益，更无条件的附加。在他家的"中德"客厅，10年陈酿的茅台、中国茗茶，都见证着他与中国的

"情缘"。

西蒙教授不仅热爱中国文化,更对中国企业充满了希冀,他始终在不遗余力地推动中国品牌的国际化进程。2018年,西蒙教授在我的邀请下来大草原做客。在致辞中,他表达了最为真诚的心声:"感谢Juliet带我们来到如此独特而淳朴的内蒙古,让我们看到美丽的草原和遍地的牛羊。感谢内蒙古热情好客的人们,提供给我们如此丰富的当地美食,这是我及家人从未体验过的。世界真的是非常小,今天我们能够来到这里,是因为沙涓,因为这样国际化的品牌把内蒙古最好的羊绒输出到世界各地。我们就是沙涓羊绒最忠诚的用户,我们为来自内蒙古的如此优秀的羊绒品牌而备感荣幸,这块土地也应该因此感到无比骄傲。"听着西蒙教授热情而诚恳的话,我想起了中国人对君子人格的比拟:谦谦君子,温润如玉。

之后很多年,我只要去德国,就一定去拜访西蒙教授。教授的太太塞西莉亚(Cacelia)热情好客,我们乘坐的火车驶入科隆火车站时,我透过车窗就能看到捧着鲜花等待我们的塞西莉亚。见面后,她带着我们去市集品尝德国的各式小吃,随和得如同邻家姐姐。在西蒙教授与太太订好的酒店里,各式水果篮里放着卡片,卡片上写着欢迎与祝福的话,让我深深感受到了教授一家待客的周到与体贴。让我们尤为感动的是,西蒙教授还开车来接我们到他家里做客。在莱茵河畔的私宅中,塞西莉亚穿着非常正式地迎接我们,教授还亲自下厨为我们准备午餐。看到墙壁上张贴着的西蒙教授朋克风的个人写真,我切实感受到了他内心丰富而充满激情的一面,这与他聚光灯下作为经济学家的形象判若两人。

第二天,教授带我去法兰克福大学参加一个关于中国企业收购德国"隐形冠军"企业的大型论坛。礼堂里座无虚席,德国的经济学家、企业家等各界人士就中国企业在德的发展展开了激烈讨论。两派各执一词,火花频现,那是我看到的中国企业在国际化过程中产生的冲突与融合的过程,也是包括沙涓在内的中国新锐品牌走向全球的路径中将会面临的真实挑战。

人生的际遇其实很奇妙,按照我们中国老话讲:"有缘千里来相会,无缘对面不相逢。"与西蒙教授的相识,成为我生命中一件特别值得感恩的幸事。在西蒙教授的身上,我感受到了人与人之间的美好——那种跨越国界和种族、跨越傲慢与偏见的美好,以及一代世界级别大师的胸怀。

有些人,你一旦遇到了,就仿佛邂逅了一道光芒。

"走出去"的国际化设计团队

为了实施全球战略布局,我们不仅"请进来",还要"走出去"。我多年来穿梭于五大洲之间,拜会高手、访贤求学,借鉴了多个国家的国际奢侈品品牌的发展经验和技术累积,全力将沙涓这个中国的民族品牌推向国际化的"竞技场"。

要打造世界级的羊绒品牌,除了国际化的管理团队,一定还要有世界级的服装设计师和艺术设计师。为此,我们搭建了一支国际设计团队。沙涓的设计团队包括来自日本的首席设计师小筱顺子,法国前总统密特朗家族的现代艺术家弗朗西斯卡·布兰达·密特朗,Hugo Boss前设计总监安婕·韦德(Antje Weidner),还有驻守在巴黎和西班牙的视觉传达团队,以及分布在国内北京、上海等地的创意团队。

静心守一：一个民族羊绒品牌的"隐形冠军"之路

我（右）和"隐形冠军之父"赫尔曼·西蒙在沙涓内蒙古家族牧场

我（中）和全球营销学教授、国际顾问米歇尔·古泽兹教授夫妇在沙涓上海外滩旗舰店

我（左二）和全球营销学教授、国际顾问米歇尔·古泽兹教授夫妇在沙涓上海外滩旗舰店

我（右）在法国现代艺术家弗朗西斯卡·布兰达·密特朗巴黎的家中

10 办公室是个小型"联合国"

我（右）在赫尔曼·西蒙德国的家中做客

我（右）和扬–本尼迪克特·斯廷坎普在苏州

我（右）和小筱顺子在巴黎时装周

2011年，我（右）与小筱顺子初次见面

这支高度国际化的团队跳出了传统羊绒制品的创意窠臼，独立设计、独立创作品牌专属的艺术作品，传递品牌精神，将艺术性、观赏性、实用性三位一体地赋予沙涓，将其塑造成了身体里包含着德国的精细基因、风格中氤氲着巴黎的浪漫风情、外表洋溢着东方神韵的时尚羊绒品牌。

为了保障与国内外艺术家的顺利合作，沙涓公司首先购买了他们创作作品的开发使用权，在明确知识产权的责权利关系后，艺术家负责创作符合主题的作品，沙涓负责生产，完成销售之后，双方共同分配利益，践行沙涓"艺术产业化，产业艺术化"的理念。不仅让顾客通过产品了解艺术家的创作精神，也让品牌在草创初期即能实现多样性。这种可持续发展的合作模式在当年尚未普及，因此我们的大胆尝试被业界广泛关注。

前文已经提到过，2011年，我在日本结识了日本殿堂级设计师小筱顺子老师，并启动了与其延续至今的精诚合作。小筱顺子作为我们的首席设计师，将沙涓的时尚度和品位提高到了媲美国际大牌的层级，并助力我们打开了国际市场的大门。

一年后，来自法国的现代艺术家弗朗西斯卡·布兰达·密特朗成为沙涓的艺术总监，并长期致力于为品牌输入艺术气质和灵感。

2018年，当沙涓与上海养云安缦酒店达成合作意向，准备为其开发酒店用品时，我便经常与远在巴厘岛的安缦设计师瑞缇娜（Ratina）讨论，如何让我们的羊绒产品不仅进一步彰显稀有的高品位，更要符合酒店低调奢华的定位与温馨雅致的氛围。当时瑞缇娜新颖别致的观点，经常会给我很大的启发。

2019年，我们邀请到了澳大利亚著名的纺织品设计师伊戈拉·露西娜·奥帕拉。这位擅长纺织材料创新运用的专家,将羊毛融合到传统丝织品中,通过毡化过程表现出奇幻氤氲的渐变色彩,制造出舒适又宛若梦境般的羊绒围巾。除了制毡,露西娜还深入钻研织物印染。在成为设计师之前,露西娜做了27年的医学研究,医学工作者缜密的思维和超高的专业水准,极大地帮助了她利用植物材料寻找隐藏的颜色、形式和纹理。

来到上海后,作为沙涓"艺术家驻地计划"的参与者,露西娜·奥帕拉和十几位业内专家及沙涓的设计、工艺人员,共同开发手工毛毡和植物印染的研学课程。在研学过程中,露西娜毫无保留地将她的创意来源、创作逻辑和制作方法倾囊相授。她不仅教给大家羊绒毡和植物拓染的全新工艺和技法,启迪大家随心所欲、无"主题"创作的灵感,更重要的是,她不断地唤醒在城市中蛰居太久的学员们去发现身边触手可及的美好,愉快地拥抱大自然,勇敢探索大自然带给我们的一切。作为世界著名的织物专家,露西娜的想法非常多元和国际化,令人耳目一新,帮助我们拓宽了思路。

将法式浪漫嵌入沙涓

说起法国,人们会想到什么?我想,大多数人也许会本能地以"浪漫"涵盖之:风光绮丽的塞纳河、金碧辉煌的卢浮宫、闻名遐迩的红酒、以优雅著称的法国女人。

初识弗朗西斯卡·布兰达·密特朗——法国前总统密特朗的大儿媳,我就在她的身上看到了法国女人的诸多浪漫元素与艺术气质。

弗朗西斯卡出生于艺术世家,母亲是法国人。她从小和奶奶生活在南美洲的哥伦比亚，伴随她的，是颠沛辗转的人生经历：动荡不安的政治环境、流落他乡的避难生活、四海为家的游历足迹。弗朗西斯卡曾说，一成不变会使她死亡，所以，她选择了不断出发。她多次离开哥伦比亚，前往中美洲、欧洲，以及中东的黎巴嫩，非洲的摩洛哥、埃及，亚洲的中国等地旅行。独特丰富的生命际遇，成为她创作的重要源泉。

此外，拉美人热烈活泼的性格、法国人富有生活情调的艺术特质，赋予了她一种开阔兼容的艺术视角。因此，身为著名画家，弗朗西斯卡的出名，凭借的不仅是法国前总统密特朗的家族渊源，更以其卓然而立的艺术风格为世人所欣赏。

2012年，我们品牌位于上海外滩的旗舰店启动之日，弗朗西斯卡的艺术展及衍生品也同步推出。盛大开幕那天，上海艺术界及时尚界人士云集一堂，大家欣赏唯美的羊绒围巾如何成为艺术的载体，成为"可穿戴的艺术品"。弗朗西斯卡现场在羊绒画布上作画，令来宾们赞叹不已，将羊绒围巾抢购一空。

在我看来，那是艺术与生活结合的最佳商业拓展，艺术家成为时尚的主宰者，而品牌则以艺术羊绒的形态为当时沉闷的羊绒市场注入了一股清流。就是这样的艺术定义，让沙涓跨越国界，成为全球可接受的中国高端羊绒品牌。

"中国给了我很多灵感，我非常喜欢中国的书法，也经常花好几个小时来欣赏一幅书法作品。"弗朗西斯卡把传统的中国水墨和书法带来的灵感与绘画结合在一起，同时灵活运用自己熟悉的西方油画颜料，形成了独特的艺术表达形式。她所体现出的敏捷而烂漫的创造力，时尚、自由而又特立独行的艺术精神，引领潮流的巨大魅力，也是沙涓品牌一直追求与倡导的。这让我们双方的合作从一开始就收获了极为默契与愉悦的体验,让色彩对比鲜明的抽象艺术在羊绒产品上展现感性与理性、内敛与奔放的风格,两种完全没有边界的媒质的碰触与融合,更是让灵感绚烂绽放。

艺术从纸上走进羊绒,走入生活,随之,弗朗西斯卡陆续推出了至今依然是沙涓最受欢迎的艺术羊绒围巾系列:"男人与女人""五彩缤纷""动静之魅"等。她的法国浪漫主义写意风格的画作,让沙涓的限量版羊绒围巾披肩成为国内外高端羊绒市场上的超级抢手货,弗朗西斯卡也借助我们产品的畅销而声名远播。

迄今为止,我们已经拥有长达12年的友谊。后来,她的画室由北京的798艺术区搬到了我们在上海的工厂里,成为驻地艺术家。工厂空间内特别设立了她的专属画廊,向前来观展的人们开放。每次她来中国,就住在工厂的公寓里思考和创作。在早晨非常安静的氛围里起床,听到的是鸟儿的啁啾之声,艺术家的灵感也翩然而至。

有趣的是,在弗朗西斯卡的工作室里,到处可见密特朗总统与世界各地政要的合影原照。我不禁一次次感慨,是怎样的时空穿越,让我们相逢于此,让法兰西民族和世界其他各地的文化与艺术在上海金山区的工厂里落地生根。

弗朗西斯卡曾经对我说,她与沙涓的合作在她生命中是熠熠发光的,这超越了国界,也超越了艺术本身。于她而言,这是一场前所未有的激情创造与生命体验;对我们来说,这更是一次奇幻无比的探索之旅——让艺术进入生活,让品牌溢价加大。这是我们品牌建立初期最好的愿景之一,也是沙涓脱颖而出的独门绝技。在当时羊绒市场主流尚处于以保暖为主的情况下,以艺术与高品质重新定义羊绒,让沙

"男人与女人"艺术羊绒围巾

10 办公室是个小型"联合国"

法国设计师弗朗西斯卡

涓能够在中国乃至国际市场中另辟蹊径,是品牌经历了重重考验,仍屹立不倒的重要原因。

对于Sandriver来说,"起点"无限延伸,"终点"永无止境。在外行看来,设计是天马行空、重视想象力的,而在以羊绒为画布的沙涓设计师看来，设计对理性的要求极高，任何一个设计都要真正落地，才算完成了使命。设计非常琐碎，研究的是一个线头、一个针脚，而不是秀场上那些浮华的感觉。尤其是当我们的设计要照顾全球的消费者时，就愈发需要考虑周详。

在打造"国际范儿"的过程中，如何把准自身定位而不至于随波逐流呢？用什么标准甄选"情投意合"的国际设计师？我的标准是"价值的认同"——艺术家需要认同羊绒的材质。羊绒富有张力，对颜料的吸收和反射也不同于普通织物材料，这需要艺术家在设计过程中准确把握。小筱顺子对于羊绒的喜爱就是超越任何材质的，因而她会在艺术创作的过程中将羊绒的精髓提炼出来，将自己的灵魂融入。此外，艺术家的情怀要与品牌的精神追求一致，譬如，弗朗西斯卡的作品就是毫无拘束、没有限定的，这种灵魂自由超脱的气质与内蒙古粗犷豪迈的精神完全契合。

"嘤其鸣矣，求其友声。"正是因为与这些享誉国际的设计师拥有高度协调的价值观，我们的合作才能开展得非常顺利。借助她们先进设计理念的传播，沙涓的影响力远涉重洋，辐射到了更多的国家与地区。

有些人，你一旦遇到了，就仿佛邂逅了一道光芒。

时代的一粒粒"灰"落下来时,就变成了一座座"山",负重前行的人们需要在废墟中找到那块石头,以使我们能在上面重新站起来。"飓风"过后,我们如何重整河山、拥抱未来?我的答案是,无论是面对大浪淘沙,还是潮汐退去,我们都要永葆自己的初心,继续将根一寸寸地扎下去,以根深叶茂迎接一切挑战。

11
疫情"大考"之下的突围

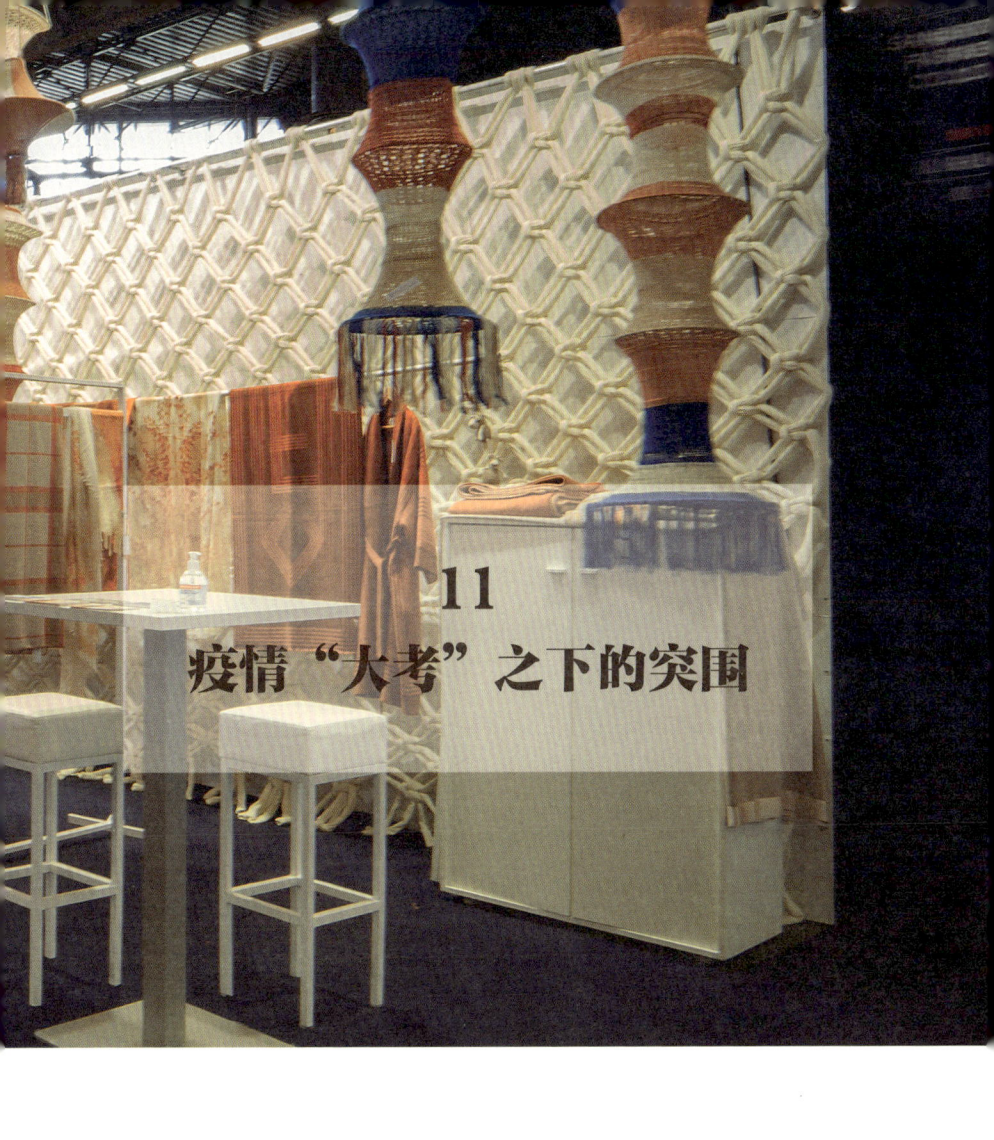

这几年,我们的共同感受也许都是"活着"越来越不容易。

2020年,我手握一大把订单从巴黎回到上海,面对整座城市按下的"暂停键",我的内心充满了焦虑。

当时线上线下的所有销售都被迫中断,营收瞬间就没有了,但高额的成本还在那里,租金、薪资、社保等方面的支出让我不胜负荷。

"危难之中见真情",很多员工向我提出可以薪资减半,要一起共渡难关,她们中的不少人都是与我们的品牌一起成长起来的。财务主管小范已有20年的工龄,从车工干到仓库保管、出纳,已经是"大内总管"的她对我说:"我可以几个月没有薪水的,我停薪没问题。"早在沙涓成立之前进厂、工龄15年的小曾说,在经过数次轮岗后,她在工厂完成了从一个有些自卑的小镇女孩成为一名有专业技能傍身的产业工人的蜕变。她成家之前就住在厂里,工厂就是她的半个家;成家之后,她的孩子在厂里奔跑着长大,家和厂更是难舍难分。因此,当我们的公司面临生死存亡的考验时,她愿意与企业风雨同舟。在沙涓成立之初就加入的店长任医芳说,品牌成长的10年就是自己成长的10年,她亲眼看着品牌从诞生时只有单调的产品线,到如今拥有丰富、时尚多元的产品种类。从刚开始的"为稻粱谋",到与沙涓栉风沐雨一同壮大,她和品牌已经缔结了深厚的情感关系。从建厂就入职的夏玉妹在20年的职业生涯中经过一次次的轮岗和学习,最终成为一名技艺精湛的工艺师，2020年更是随着品牌飞往法国参展，圆了"看世界"的"少女梦"。在她的眼中，沙涓的人们是互相扶持的，他们在一家有发展空间的公司里从事着自己热爱的事业，这对她来讲是幸福且有价值的。她说，我要和你一直干到80岁……

这些跟随品牌多年的"老战友"，都有一段和品牌血脉相连、砥砺前行的奋斗故事，而团队的每一位员工在关键时刻给予我的温暖和力量，都超乎寻常。这也让我下定决心：我们不会裁员，不会减薪。

现代管理学之父彼得·德鲁克曾说过："在每一个旷世伟业的背后，总站着一个肩担重任、苦心孤诣的人。"因为当我踏上时代列车，与企业同呼吸、共命运时，便注定了这是一条无法回头的"不归路"。

疫情成为一次"大考"，不仅考验了我们应对危机的能力和心理素质，也检验了团队的凝聚力和向心力。我们每个人都给予了对方成为彼此臂膀的机会，这让我充分感受到了人与人之间的信任与支持，那是一种基于人类命运共同体的深刻联结。

2020年年底，我特别高兴的是我带着所有员工"安全着陆"了。当我拿到财务报告和经营分析时，惊喜地发现我们的很多数据都翻了一番，真的是"只顾攀登莫问高"。

向2020年致敬

盘点充满了惊涛骇浪的2020年，我们也在跌宕起伏中获益良多。2020年至2022年，在疫情的影响下，沙涓线下门店被迫关闭，但我们迅速组织建立起社群渠道，使得整体销量不减反增。

社交电商帮助我们打开了零售新局面,我们在不断探索中持续为其赋能。在2020年沙涓品牌秋冬大秀期间,我们的摸索落地开花。这场大秀对外展示了沙涓领潮头之先的魄力,我们利用腾讯企微助手、视频号直播等工具加以辅助,实现了线下线上共襄盛况的目标。大秀结束后,市场给出了令人满意的反馈:截至2021年年底,商城的新客数量同比增长354.6%,新客转化率提升60.6%,企业微信用户提升83%。

"新零售"意味着线上线下的彻底融合,这指的不仅是货,还有人和企业。沙涓顾客的忠诚度都非常高,所以只要打通系统与工具,剩下的困难就会迎刃而解。但对于商界和媒体近几年提出的"新零售"概念,我认为它更多的是一种形式和渠道的拓展,它不是一种变革的方向,而是一种工具,一种可以让品牌更好地经营的工具。因为最后,我们还是要回归商业的本质。也正是基于"回归商业本质"这个观点,我对线上渠道出现的新事物"来者不拒",面对诸多新载体,我也勇于尝试,希望借此传递更多的品牌故事与内容。

2020年,我们最大的一个收获是入驻了法国巴黎的乐蓬马歇百货商场,虽然那段时间巴黎疫情严重,但我们的羊绒家居产品却销售火爆,羊绒毯甚至在圣诞节前被抢空。这件事情给了我很大的启发,那就是中国品牌走向世界不是空谈,中国品牌也能成为全球性的高端品牌。这是让我非常骄傲的事情。

SANDRIVER

EXCLUSIVEMENT
AU BON MARCHÉ RIVE GAUCHE

Reconnue dans les années 2000 pour sa manufacture de cachemire à Shanghai qui fournissait de grandes maisons, Juliet Guo décide en 2007 de lancer Sandriver, sa propre marque qui sublime le cachemire de Mongolie Intérieure. Entièrement traçable, la matière provient de petits élevages familiaux et artisanaux sélectionnés avec soin dans les sublimes plaines de la province d'Alxa. Résultat, du linge de maison à la richesse inégalable, où les étoles, plaids et coussins sont fabriqués dans des fibres de cachemire ultra douces à la fois nobles et durables, en camaïeux de blancs et bleus, en monochromie ou en aplats graphiques.

LVMH集团旗下顶级百货商场乐蓬马歇对Sandriver详细介绍

静心守一：一个民族羊绒品牌的"隐形冠军"之路

Sandriver入驻LVMH集团旗下顶级百货商场乐蓬马歇

第二件让我难忘的事情是我个人的。我拿到了上海市政府颁发的最高质量荣誉之一——2019年度上海市质量金奖。我内心特别感慨,因为在"大咖"云集的整个上海,只有5位个人获奖,而我就是其中之一,不仅是屈指可数的女性,而且是少有的民营企业家。我们国家在推动国有品牌和民营企业的发展过程中做了很多事情,让我深受鼓舞。我们可以用自己极致的工艺、中国文化和中国品牌的价值观,讲好中国人自己的故事。

第三件事情,就是我们在老码头举办了一场大秀,活动举办得非常成功。

沙涓品牌在这一年发生了迭代式的上升,真的到了自己"沐风"而长的阶段。虽然历经重重考验,但品牌的跃进是之前厚积薄发的结果。

2021年，沙涓"漠·曙"大秀，后台模特在候场

老码头大秀的模特，身穿"漠·曙"大秀秀款产品

静心守一：一个民族羊绒品牌的"隐形冠军"之路

夜幕下的"漠·曙"大秀现场。大秀以"漠·曙"为主题，拉开了品牌"零"系列的第二篇章——"天地人三部曲"，用新一季羊绒成衣诠释了"漠生万物，万物知天曙"的自然法则，向大漠感恩，向天地万物致敬。

11 疫情"大考"之下的突围

对这一年,我们常常听到两种声音:一种说它过得太快,很多事情想起来恍如昨日;另一种说它特别慢,有很多时刻好像永远都不会忘记。

终于,2020年还是离我们远去了。人们在抹去额头虚惊的汗水时,又不禁问自己:"这一年真的只有痛苦的记忆吗?"我相信,答案一定是否定的。尼采说过:"那些杀不死我的,必使我强大。"

在全球疫情蔓延期间,中国成为全世界第一个战胜疫情和恢复经济的国家,也成为2020年全球主要经济体中唯一实现经济增长的国家,我们的民族自信心、自豪感和凝聚力空前增强;而一家家公司、一个个品牌甚至是无数的个体,也在风雨飘摇中负重前行,发生了很多改变,甚至发现了一个全新的自己。所以,我们要向2020年致敬!

一场自救行动

在一切逐渐走上正轨的两年之后,新一轮疫情再次席卷了上海。2022年3月14日,沙涓的金山厂区封闭。当天,我与几名研发部员工连夜收拾行李,搬进了厂区。没想到,这一住,就是77天。

研发设计中心、全球网络销售中心、非遗手工工坊、仓库……除了远在内蒙古牧场的原材料基地,沙涓品牌所有的产业链都集中在已被关闭两个多月的厂区中。那段时期,占据全国80%线下销售份额的上海门店全部关闭,线上业务则因物流不通而陷于瘫痪,海外业务也被迫停摆,仓库里价值上千万元的货品无法顺利发出。这就意味着,在长达两个多月的时间里,沙涓的营业收入为零,但我们每个月的巨额支出不会因此而减少。更何况4—8月是牧场的羊脱毛产羊绒的关键时期，但是由于现金流断裂，公司无法向牧民支付收购优质羊绒的费用，价值600万～800万元的羊绒全部积压在牧民手中，远在1600千米外牧区人民的生活开支成为大问题。

我们的现金流其实在疫情的这3个月里差不多都耗完了，真的到了生死存亡的时刻。内外交困之际，我向赫尔曼·西蒙教授寻求解法。西蒙教授告诉我，要像冬眠的动物一样，把呼吸和能耗降到最低，但一定要活着。西蒙教授的话也让我想到了作家余华的一段表述："作为一个词语，'活着'在我们中国的语言里充满了力量，它的力量不是来自于喊叫，也不是来自于进攻，而是忍受，去忍受生命赋予我们的责任，去忍受现实给予我们的幸福和苦难、无聊和平庸。"

我可以忍受一切加诸自身的磨难，但不想眼睁睁地看着倾注了我们全体员工10年心血的沙涓倒闭，不想看到一个已经崛起于全球市场的国产品牌就这样折戟沉沙。

时时可死，步步求生。痛定思痛后，一场自救行动开始了。

2022年5月19日，我对外公开发布倡议书，将自己所遇到的困境公之于众，并以预存优惠的方式，试图挽救企业被切断的现金流。

我在与吴晓波老师的一段对话中，提及了自己内心的挣扎："发倡议书是违背我内心的事情，正常情况下我绝对不做，我绝对不想麻烦任何人。"他对我说："痛了就要喊出来。"

为了活下去，只能如此。就像作家麦家在《人生海海》里写的那样："人生海海，敢死不叫勇气，活着才需要勇气。"

倡议书发出后，我得到了来自社会各界及客户朋友的帮助，海尔上海洗衣机互联工厂、《女装日报》（WWD）主编，以及一些清华

11 疫情"大考"之下的突围

大学、复旦大学的教授当即采购充值；著名财经作家吴晓波也以吴晓波频道的名义向沙涓发起救助，890社群、企投会会员向沙涓充值10余万元；上海市女企业家协会的女性创业者也一同加入，共同拯救这个来之不易的中国品牌。来自各方的慷慨相助令我备受感动，几度落泪。

那段日子，我就是在各种焦虑与纠结中度过了死水般停滞了的时光。早晨，安静的工厂里没有一丝喧闹，往日的机器声、同事的欢笑声不复存在，是鸟儿的鸣叫伴随着每一天的到来。我也在痛定思痛后沉下心来，开始搞创作，研发新品。

在工厂特意开辟的一方艺术空间里，机器、线圈、羊绒纤维、白桦树干……原始的气息和现代感混杂在一起，我与封闭于工厂的几名工艺师一起，用温水化出肥皂水，用双手把它们洒在羊绒上，让羊绒卷曲、抱合，再用最传统的手法，去进行艺术的再创造。

制作完成的羊绒产品在面前铺开，像极了一幅幅大写意的绘画作品。有的地方纯厚笃实，有的地方纤薄透明，手工搓制的纹理，或如池塘轻漾的縠纹，偶似江河起伏的波浪，内蒙古"狼图腾"般的粗犷，融合江南烟雨般朦胧的精巧，这种毫无违和的冲突感展现出了一种刚柔相济之美。挑战之下迸发出的灵感或许格外与众不同，我将其称为"非常规下的产物"。这些艺术级别的产品在2022年10月进行了新品首发，赢得了无数好评。

在2023年1月19日至23日于巴黎举行的巴黎国际时尚家居设计展春季展中，沙涓已连续第四年参展。

"飓风"过后

时代的一粒粒"灰"落下来时,变成了一座座"山",负重前行的人们总要在废墟中找到一块石头,以使我们能在上面重新站起来。

那么"飓风"过后,我们如何重整河山,拥抱未来?我的答案是:无论是面对大浪淘沙,还是潮汐退去,我们都要永葆自己的初心,继续将根一寸寸地扎下去,以根深叶茂迎接一切挑战。我们无法确切地知道人生究竟要经历多少次绝境,但只要心中拥有一片辽阔草原,就可以永远做翱翔于邈远天际、发出啸叫的苍鹰。如同羊绒一样,那是纯种山羊在极端严寒时进化出的珍贵原绒,我们的人生也需要在一次次的苦难中锻造出金刚石一般的质地。

著名企业咨询师刘润在谈到中国企业如何面对不确定的现状时强调过:"放下所有的技巧,回归经营的本质,回归管理的本质,回归价值创造的本质。"我想,这就是摒除一切浮华与喧嚣,直面所有的考验,追求本真的状态。对于沙涓而言,我们做的其实不是回归,而是从未动摇过的坚守。

在创业的路上,我越来越强烈地感觉到,扎实的企业基础、静心守一的专注力、永不言弃的精神,是可以击败许多魔咒的。同时,我更要感谢来自四面八方的支持,是你们及时伸出的援手,给予我及沙涓的鼎力相助,让我们一次次战胜了危机,并收获了这个世上最珍贵的情谊。霍金曾说,人世间最让人感动的就是遥远的相似性。因为这份"相似性",哪怕非常遥远,也让我们对他人的遭遇感同身受,让我们在自己"淋雨"后也能为他人撑伞。让刻在骨子里的善良与温暖成为我们勇毅前行的光芒,更成为我们对这尘世间无比珍惜的理由。

11 疫情"大考"之下的突围

"于高山之巅,方见大河奔涌;于群峰之上,更觉长风浩荡。"感谢时代给予女性成就自我的机会,我们都是大时代的幸运者,承接了中国社会高速发展的红利。沙涓和中国众多企业,从无到有、从小到大,直至阔步迈上国际舞台的发展史,也是中国从"世界工厂"向"世界市场"巨变的缩影。

在我很喜欢的一支广告片里,那个美丽的女生说:"上海之所以是上海,是因为白色的海浪,不是黑色的礁石。"而我也想说,沙涓之所以是沙涓,是因为倾心的交付,不是浅尝的止步;是长夜的相守,不是黎明前的溃逃;是一世的相伴,不是暂时的羁留。

愿一个能为"中国制造"扛旗的品牌,一直行走在路上。一切能见证永恒的,皆为不朽。

在巨大的灾难面前,我们人类的渺小一览无余,同时也见证了人性伟岸的存在。

要像冬眠的动物一样,把呼吸和能耗降到最低,但一定要活着。

在制定品牌发展的远景时,我一直强调突破国界:从畜牧养殖到研发创意,再到市场扩张,全产业链都掌握在我们自己手中。与此同时,我们从不墨守于中国市场,而是直接定位国际化,这也是沙涓作为一个中国创造的品牌成功走向世界的秘诀之一。

12
挥师海外的第一羊绒品牌

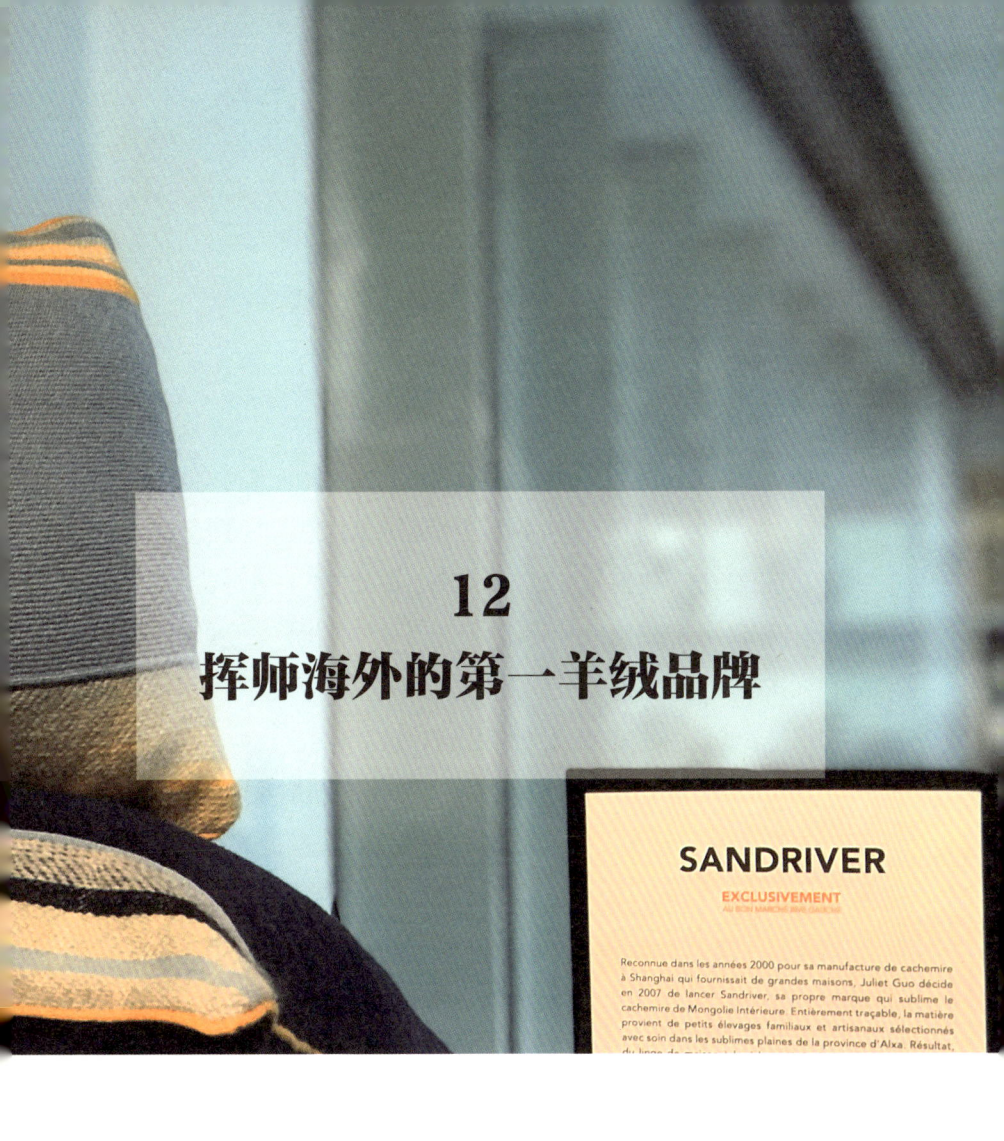

转眼间,我离开故乡内蒙古20多年了。沙涓的品牌源于此,从草原到大漠,从敦煌到宫廷,从黄浦江边到巴黎时装周,随着"布道者"们前进的步伐,早已走向了全世界。

静心守一：一个民族羊绒品牌的"隐形冠军"之路

著名学者余秋雨参加德国汉诺威举办的2000年世界博览会后大失所望，说："中国馆找不到主题，更没有艺术构思，门外照例是长城照片和京剧脸谱，里面除了有一个简单的三峡工程模型外，稍有印象的只有两点，一是幻想中的中国人登上月球的模型，二是以一个针灸穴位人体模型为中心的中医介绍。这实在是草率得太离谱了，不知在骄阳下排着长队的各国观众，看了做何感想。"

这样的展览陈设，我也参观过很多。若想塑造我们的国际化形象，就需要在自己的文化领域里梳理出当代美学的部分，再以高级的方式呈现出来。2015年，在全球最大的品牌咨询机构英图博略（Interbrand）发布的最佳全球品牌榜上，中国品牌屈指可数，时装领域更是一片空白。中国人如何能够开发出受到全世界消费者青睐的品牌，开创出一片蓝海，是沙涓在创建之初就思考的一个问题。

长期以来，"小富即安""知足常乐"这些观念导致我们的一些企业安于现状，难与国际品牌一决雌雄。所以，打破偏安一隅的保守思想，主动而勇敢地把产品竞争领域扩大到整个世界，应该成为中国有识企业的悬鹄。

因此，在制定品牌发展的远景时，我一直强调突破国界：从畜牧养殖到研发创意，再到市场扩张，全产业链都掌握在我们自己手中。与此同时，我们从不墨守于中国市场，而是直接定位国际化，这也是沙涓作为一个中国创造的品牌成功走向世界的秘诀之一。

沙涓的品牌国际化之路从2012年开始，主要分为"走出去、走进去、走上去"3个阶段，目前已经实现了从"走进去"到"走上去"的飞跃。

试水日本，登陆德国

相比一般国产品牌的"攘外必先安内"，沙涓却是"墙里开花墙外香"——我们品牌的影响力在国外比在国内更高。

沙涓的国际化运作，并非急于求成，而是长线布局、稳扎稳打。在我们的全球战略正式启动后的第一年，小筱顺子就带着沙涓奔赴东京，在六本木新城森大厦举办了第一场大秀，正式打开了品牌国际化的大门。

在日本的成功，坚定了沙涓走高端产品路线的决心。我制定了以精工细作为发展方向的品牌策略，并尝试塑造"代表中国制造走向国际"的品牌身份。在我看来，事有所为有所不为，沙涓的幸运之处，就在于穿越国际化的"火线"时，没有因决策失败而走弯路。

带着对更广阔市场的憧憬，沙涓决定前往更大的舞台试试。没过多久，我便携沙涓杀向了有行业"试金尺"之称的德国。德国是全球对质量标准最为"苛刻"的国家之一，如果我能够经受住德国消费者的审视和考验，拿下德国市场，就等于赢得了欧洲市场。

将德国作为进军欧洲的第一站，还因为德国的企业竞争主要集中于技术品质、创新能力等方面，企业之间很少发生大打价格战的恶性竞争，这对于初试海外市场的沙涓来说至关重要。避开无序的价格

2012年，沙涓海外第一场大秀于东京六本木

战,才能让品牌专注于自身的发展壮大。第三,从消费群体看,德国消费者一般不被产品名气大小左右,他们更着眼于对高品质的遴选,这让当时尚未形成强大号召力和影响力的沙涓,可以借由超一流的水准敲开德国高端消费市场的大门。

将德国作为沙涓进入欧洲的第一站,除了上面所说的原因,其实也源于一份深厚的情结。天生国际化理论认为,在选择海外市场时,企业家会优先选择与自己心理距离较近的国家拓展业务。早在1997年,我就曾经到访过德国,其后又在德国工作过,对这个世界制造业的"标杆"充满钦敬,而这份由衷的敬意无疑拉近了彼此的心理距离。另外,我在德国做研发期间所累积的经验和人脉,也在关键之际助了我一臂之力。我当时甚至放出豪言:"如果拿不下德国,我就不回来了!"大有古时荆轲于易水河畔吟唱"风萧萧兮易水寒,壮士一去兮不复还"的悲壮。

锁定德国后,如何顺利推出这个品牌,成为横亘在我们面前的最大难关。为减少运营风险,避免盲目进军的错误,公司决定先在德国的城堡试销产品。

在德国,城堡是随处可见的人文景观,也是欧洲建筑艺术等灿烂文化的重要载体,是上流社会聚会和交流的场所。在富贾名流、精英人士举办的社交活动中,高端奢侈品展销往往也是一个不可或缺的组成部分。于是,我们进入德国44座城堡开展销售,结果远远超出了我们的想象。面对德国消费者赞不绝口的夸奖,我们知道自己发起的这场"冒险游戏"闯关成功了。

在一举打开德国城堡市场后,我并未急于扩大销售渠道,而是花费了整整一年时间对城堡顾客进行后续的跟踪调查,收到了上千条反馈意见，为我们产品的改进提供了非常宝贵的参考。经过充分的调试，2015年，沙涓正式登陆德国市场。很多德国客户纷纷反映：沙涓的品质远胜于那些拥有百年历史的奢侈品牌。

在高下立判的角逐中，我们看到的一个事实是：沙涓的羊绒制品与欧洲羊绒制品相比，有极大的差异性，不必说其"优中选优"的羊绒材质，单说手工处理羊绒的工艺和方式，就很孤标独步。人们轻轻地摸上去，即刻就会被一种骨软筋酥、丝滑娇贵的质感所俘获，而且这种质感被艺术与文化的美学加持，更具备了风情卓然的高级感。

任何名品的诞生，大都有逻辑自洽的解释。就像曾有记者问我，为什么力邀世界级服装设计大师出任首席设计师？为什么能让数以千计的国际时尚买手成为沙涓的拥戴者？答案就是品质坚守。在我眼中，品质和格局息息相关，没有国际格局，就没有国际品质；反之亦然。

我用德式的思维和国际化格局去打造中国乃至世界的高端产品，我不害怕被提出诸多意见，而是担心未能经受住最严苛标准的审视与检验而功败垂成。因此，对品质的执着坚守，对工业文明近乎"愚痴"的追求，才是我们的品牌最终被称作顶级奢侈品的唯一理由，才是我们攻克德国这座坚固的"堡垒"、跻身国际市场的强大杠杆。

8次冲进巴黎时装周

在日本和德国市场的"抢滩"成功，为沙涓在东亚和欧洲市场打开了一扇大门，而作为西方现代服饰的发源地，法国则是沙涓绕不开的另一道"雄关险隘"。

12　挥师海外的第一羊绒品牌

沙涓品牌第一次进入德国的客户见面会

从北京到巴黎，横跨1.2万千米，需要10个小时左右的飞行时间，可是作为一个服装品牌，从中国来到巴黎时装周，不仅需要跨越空间和时间上的距离，更要有与之旗鼓相当的实力。

有着百年历史的巴黎时装周，向来是全球四大时装周的"主战场"和流行风尚变革的舞台。米兰和伦敦的时装周比较前卫和新奇，纽约时装周更倾向商业和实用，只有巴黎时装周最精致奢华，吸纳了全世界的时装领袖和精英。顶尖级的设计师在这里展出他们的作品，全球买手的眼光也纷纷聚焦于此。被誉为"世界上最伟大的时装秀"的巴黎时装周，也因此成了国际顶级品牌的朝圣之所。

为了保证巴黎时装周的至尊地位，进入时装周秀场的每一件作品都要经过严格的筛选。即便如此，初出茅庐的沙涓仍然拿下了巴黎时装周的"入场券"。

2015年，沙涓在巴黎时装周上横空出世。作为高端艺术羊绒品牌，沙涓的羊绒围巾成为中国"第一条走进巴黎时装周的羊绒围巾"，它是第一个进入巴黎时装周的中国品牌，因此备受瞩目。我站在巴黎时装周的展位上，就是想告诉每个人：第一，我是内蒙古人，我跟羊绒有千丝万缕的关系；第二，我是中国制造；第三，我是中国品牌。

当时，不大的展区被围得水泄不通，沙涓以新颖别致的设计、登峰造极的工艺、浓淡相宜的色彩、品味超群的格调，征服了眼光挑剔的欧洲顾客与超级买手。更让人叹为观止之处在于，每件时装的针脚无不凝聚着匠人的心血与智慧；每条围巾巧夺天工的细节处理，同样荟萃了设计师别出心裁的奇思妙想。沙涓以黑马之姿一战成名，为中国品牌在巴黎时装周上赢得了弥足珍贵的一席。

2016年3月，沙涓又一次接到了春夏巴黎时装周的邀约，开启了为期4天的时尚之旅。作为中国羊绒时装领域唯一受邀品牌，我们所受礼遇规格之高，可见一斑。如果说2015年的巴黎时装周是沙涓的"投石问路"，那么本次则是国际市场、世界超级买手和时尚媒体对沙涓这位东方翘楚、时装后起之秀的正式拥抱与接纳。

同年9月底10月初，沙涓第三次亮相巴黎时装周。从巴黎卢浮宫秀场到瑞典王室府邸秀场，沙涓以其柔若无物的零压感、典雅大气的艺术造型、无穷的创意，向全世界展现了上海制造的温度与精工、创新与品质、文化与内涵，让无数时尚人士竞相追捧。除了在巴黎时装周发布了2017年新品，沙涓还以法国塞纳河、亚历山大三世大桥和香榭丽舍大街作为展示中国艺术羊绒品牌Sandriver的舞台。我至今犹记得当时的视觉盛宴：天空湛蓝如洗，流云姿态万千，富丽堂皇的亚历山大三世大桥将沙涓艺术羊绒的秀场衬托得如海市蜃楼般梦幻迷人。

2018年3月初，沙涓第六次收到来自巴黎时装周的邀请函。在这次时装周上，沙涓创造性地将热情与冷淡、流行与古典、时尚与传统融合，在一条条创意十足的羊绒围巾上挥发着出奇制胜的想象力。在时装周现场，随访的记者看到我们品牌的拥趸手握羊绒围巾喜悦的表情时，也不由得感叹，作为沙涓产品的持有者，顾客更在意的，也许不仅仅是获得了一件时装、一种艺术品，更是因为这些产品激发了海德格尔所说的"诗意地栖居于大地"之上的浪漫情怀。这也是对我所主张的"我们提供的不只是产品，而是个人形象及生活品位的提升"的最好诠释。

我们屡次受邀参展，足以证明国际市场对沙涓的高度认可，更能证明我们深化国际化——"走上去"的成果。

如今，沙涓——这个从上海金山山阳镇走出的中国品牌，已连续8次在巴黎时装周交出了漂亮的"成绩单"。通过一次次在巴黎时装周的精彩亮相，沙涓展示了自主设计与优秀工艺打造的极品，它不仅占据了世界时尚舞台，也成为国际奢侈品领域的新宠儿。

2000多年前，中国的丝绸要抵达中亚、西亚、地中海各地，需要经年累月的长途跋涉。2000多年后，从浙江义乌到达英国伦敦的商品专列，全程12451千米，仅需18天。世界从未像今天一样变得触手可及，对于沙涓而言，攀上世界之巅，亦非遥不可及。

当万水千山历遍，我们才能见证一个能够登高望远的自主品牌的新生。

改写羊绒领域历史

营销大师斯廷坎普教授曾经感叹："沙涓给了自己一个很好的定位——艺术羊绒布道者。这是一个美丽的、具有某种宗教意味和情结的定位，足够引起人们的遐想和共鸣。"但我想，任何的共鸣，一定基于心理与情感的深度悦纳。

2016年12月，沙涓正式进入美国，亮相世界的"十字路口"——纽约时代广场，感受着日均7万人的瞩目。这与沙涓创意广告亮相上海滩地标性建筑花旗大厦时惊艳绽放的一幕，遥相呼应。

自2012年进军欧洲市场到2016年勇闯美国市场，沙涓已逐渐由国内的上海、北京、苏州等地，向法国巴黎、美国纽约、日本东京以及中东地区等海外国家和地区的城市核心商圈拓展，并在那些时尚前沿开设羊绒生活馆。"其实我们努力打造在国际品牌中的地位,就是希望通过用向国际输出中国时尚艺术产品的形式,带动国际市场对中国文化的感知与认同,推进中国文化进入国际高端奢侈品消费领域,以此来推动纺织传统行业整体的转型。"这是我在接受采访时提出的沙涓长远目标。

2020年1月17日,巴黎国际时尚家居设计展在法国巴黎北维勒班特展览中心举办,沙涓带着60多件原创"孤版"艺术羊绒家居产品首次"触电",展台整体以蒙古包原本的框架为基础,四周以毛毡为主体,整个搭建过程全部手工完成。蒙古包穹顶正中镂空,安装定制的LED屏幕,时刻播放着在内蒙古大草原录制的蓝天白云、鲜花盛开的牧场,成功实现了沙涓对"家园"的时空迁徙。

本次推出的新品全部以羊绒纤维为原料,纯手工打造而成。每一件都是艺术品,都是独一无二的。我们希望用极致的产品,呈现有品质的生活方式。在展位中,沙涓还设置了一个羊绒池,观众可零距离感受高品质羊绒原料的魅力。沙涓的工艺师现场还原羊绒手塑艺术制作过程。

看到参展商和时尚买手对匠人手作及中国传统文化表达了高度的认可,并对沙涓独特的设计及超越群侪的工艺赞叹连连时,我深受感动。M&O中国区官方代表陈淑敏(Regina)表示:Sandriver是她了解的中国品牌里唯一一个能够保证完全定制且符合道德生产的国际羊绒品牌,这也是巴黎国际时尚家居设计展邀请Sandriver代表中国品牌参展的重要原因。

2022年3月24日至28日,突破疫情困扰的沙涓再次站在了巴黎国际时尚家居设计展的展会中。这次展览,我们以"静谧都市"为主题，将都市丛林中的百态用不同的设计语言呈现在产品之上，让人在快节奏和高强度的城市生活中，体会到艺术羊绒与中国传统的工艺带来的精致生活方式。

2023年1月19日，巴黎国际时尚家居设计展在法国巴黎北维勒班特展览中心如期上演，沙涓连续第5年以中国品牌的身份出现在展会中。本次巴黎国际时尚家居设计展，沙涓依旧以其"王牌"手塑羊绒为核心，经由创新再造，再次突破工艺局限，带来了包含羊绒毯、羊绒靠枕、羊绒家居服等一系列展现羊绒生活方式的产品。

在沙涓展位的中心墙面上，一幅长达9米的巨幅羊绒毡画成为视觉的焦点。在这幅毡画之上，雪山下草原牧场的景象跃然眼前：写实风格与抽象意绪融合，牦牛和山羊错落，云朵与蓝天相映……这件作品全部由手工完成，是沙涓手工毡系列的又一创新力作。继打破手工毡不同材料间的壁垒之后，此件展品用手工突破了机器的局限，给予设计师与工匠更大的发挥空间。其中，配色的灵感源自藏族文化及传统服饰，而牦牛和山羊则作为藏地的两种与沙涓具有强关联的代表性动物出现，最后用现代艺术的方式创作，为观众呈现出一幅极具视觉冲击力的多功能作品。而在巨幅羊绒毡画旁边的屏幕上，播放着这件产品的制作全过程，沙涓借助镜头语言的辅助，记录并传播着中国传统文化的积淀与出色的创造力。

本次巴黎国际时尚家居设计展也是沙涓藏文化系列的首次亮相。该系列依托古老的手工艺，汲取藏地的精神文化并加以提炼，施于现代设计的家居产品中。从日常所用的家居披毯、眼罩到眼前的巨幅装饰画，沙涓在民族传统工艺的传承之路上越走越远。同时，此次出现在巴黎国际时尚家居设计展中的西藏系列，也拉开了2023年沙涓"雪

12　挥师海外的第一羊绒品牌

MAISON & OBJET PARIS
JANUARY 19-23, 2023　　SIGNATURE　Hall 7 B145

sandriver

参加巴黎M&O海报

静心守一：一个民族羊绒品牌的"隐形冠军"之路

悬挂着9米巨幅羊绒毡画的沙涓展厅

12　挥师海外的第一羊绒品牌

巨幅羊绒毡画近景

域·回响"喜马拉雅大秀的序幕，开启了沙涓在传统工艺征程上的又一崭新篇章。

沙涓不仅是巴黎国际时尚家居设计展的常客，也有幸与世界最古老的百货公司展开了合作。当新冠病毒席卷全球，就连巴黎也被裹挟其中的时候，正闭店的LVMH集团旗下顶级百货商场乐蓬马歇却给我打来电话，邀请沙涓入驻。

乐蓬马歇1838年创立于巴黎寸土寸金的左岸，堪称世界上百货公司的鼻祖，1984年被LVMH收购。作为顶级奢侈品商场，乐蓬马歇不仅提供精选的产品和极致舒适的购物体验，更营造了一种高贵典雅的氛围。其中的商品除了国际大牌，还有许多后起的奢侈品牌新秀。对于乐蓬马歇而言，时尚奢华的名气固然重要，但品质才是最真切实在的商业价值。

2020年8月25日，沙涓首家巴黎直营店正式面世，它是当时进驻乐蓬马歇的唯一中国品牌。沙涓的商品在这家顶级百货公司里售价很高：一条经典款羊绒披肩的动辄几百欧元，羊绒毯或更高级别的纯手工制作羊绒毡类别产品，更是会达到5000欧元以上。即使如此，沙涓依然能在奢侈品牌的"包围圈"中备受青睐。

乐蓬马歇在其官方网站上用"既高贵又耐用的超柔软羊绒制披肩、家用毯、靠垫等家饰品"来形容这个新进驻的中国高端羊绒品牌。家饰部经理更强调："我们被产品的风格、品质以及那种柔软无极限的感受深深吸引。Sandriver是个强调精湛工艺技术、可追溯产品源头的道德良心品牌，这是乐蓬马歇百货所珍惜的珍贵价值。"

这样的评价显然是国际市场对中国制造和中国文化的再一次高度肯定，更是沙涓自创立以来在国际化品牌发展之路上的里程碑。为此，我更加坚信，一个有价值的品牌、一个有自我主张的品牌，无论何时创立，无论来自哪里，一定能在世界舞台上找到自己的立足之地。

2018年3月，上海养云安缦酒店找到我，邀请沙涓一起参与其酒店房间用品的开发。从此，我与安缦酒店建立起了深度的合作关系。2020年疫情封闭期间，当所有人都认为外贸难做的时候，我们却接到了纽约安缦酒店的订单。这家位于第五大道和57街交会处、以独特风格著称的酒店，邀请沙涓为其所有客房、水疗（SPA）会所和餐厅定制羊绒毯及其他羊绒产品，我们的品牌也有幸成为纽约安缦酒店唯一的羊绒合作品牌。

沙涓不仅是安缦酒店的合作伙伴，也与奢华优雅格调的代表——瑰丽酒店及旗下的芊丽酒店建立了密切合作关系，将柔软舒适的顶级羊绒产品带入私密的SPA服务房，为来自世界各地的旅人带来亲肤、惬意的至尊享受。至此，我们可以通过3个"C"来理解沙涓行走世界的风格，那就是：关怀、匠心、舒适。

显然，我们正通过这种方式建立全新的品牌思维。如果说在15世纪，羊绒意味着来自神秘东方的手工艺品；在19世纪，羊绒象征着由欧洲大牌引领的时尚奢侈风潮；那么在当下，我和沙涓正在以"中国制造"的艺术羊绒，改写这个领域的历史。

一只"羊"能走多远

2015年，世界著名管理大师赫尔曼·西蒙教授首次发现了中国羊绒领域的"隐形冠军"——沙涓。此后，他经常将沙涓作为经典案例,向全球业内精英、商界领袖分享、推荐。

在《隐形冠军》一书中,他指出:全球化是一个巨大的机遇,同时也是一个巨大的挑战。无论是大企业还是中小企业,特别是"隐形冠军",对全球化的发展都起到了突出的作用。这些鲜为人知的中小型的全球市场领导者,可以作为许多国家中小企业的榜样,尤其是在中国。

这让我深刻认识到,我们品牌的国际化定位是正确的,中国有足够大的市场,这是一个无与伦比的优势,英国《经济学人权威预测:2050年趋势巨流》预测,中国经济将在2030年前后超过美国,成为世界第一大经济体;到2050年,中国的经济总量将占全球的20%。面对大势所趋,我们应该洞烛机先,但目前很多企业不愿意走国际化路线,认为这条路太难。我们不应该畏惧,因为选择全球化恰恰能给企业带来很大的机遇,能让企业提升自我,并成为直接的受益者。

在出海的过程中,我发现,国际上从来没有人拒绝"中国制造",特别是高端消费品领域。人们拒绝的是粗制滥造,是那种以次充好和仿冒的行为。当"中国制造"也能以强大的实力胜出时,这些企业照样会受到欢迎,赢得尊重。

2015年,在"2015第七届顶级品牌高峰论坛"上,沙涓作为唯一的中国品牌与世界顶级品牌同台论道,共同探讨中国品牌走向国际的未来趋势。2016年7月,应西班牙企业商学院(IE)邀请,我在复旦大学与来自欧洲30个国家的80位商界精英分享了沙涓品牌的国际化发展路径。西班牙企业商学院被公认为世界领先的商学院,它拥有来自25个国家和地区的400多名教授,学生则来自全球81个国家和地区,因此国际化是它的一大特征。

在发展之路上，沙涓的品牌定位和格局，与西班牙国际商学院的教育定位是契合的——我们都在寻找更能满足消费者舒适度和对品位高要求的商业模式，我们愿意分享自己的经验以促进消费品升级在全球的推广，也乐于接受适合品牌发展的思路建议，促进整个行业和国际商业环境的良性发展。

2022年4月30日，经过专家的严格评审，沙涓的案例被中欧国际工商学院纳入中国工商管理国际案例库，题为《中国羊绒隐形冠军Sandriver的品牌国际化之路》。在此，我想说说其他几个沙涓在国际化道路上遇到的趣事：

有一年，波兰洛兹市的市长夫人接见了小筱顺子这位国际时装设计泰斗，当她看到小筱顺子身披沙涓的披肩，整个人显得光彩照人时，情不自禁地直接将那件披肩从小筱顺子的身上"夺走"。君子不夺人所爱，但美丽的"诱惑"除外。

另一件与沙涓有关的"误会"，也值得在此一提。有一天，西蒙教授的女儿看到妈妈披了一件羊绒披肩，遂被披肩清雅柔和的色彩和高贵不凡的品位震撼，爱不释手之余，将其错认为爱马仕的产品。经过父亲的解释，女儿才知道这是一个来自中国上海、叫Sandriver的品牌产品，于是也与母亲一道成为Sandriver忠实的拥趸。

如今，肩负"艺术羊绒布道者"的责任、正在稳步发展的沙涓，已经在德国、法国、日本拥有30余家海外合作店、11家亚洲直营线下店、5个多语种电商网站、2个海外陈列室。我用10年时间，把沙涓的出海版图扩大到欧洲的德国、法国、意大利、荷兰、英国，以及美国、日本、新西兰、澳大利亚等12个国家，以全线战略推进高附加值的产品输出与国外市场的拓展。

静心守一：一个民族羊绒品牌的"隐形冠军"之路

沙涓作为中欧商学院案例

沙涓作为全球商学院案例

2015年5月，国务院印发了部署全面推进实施制造强国的战略文件《中国制造2025》，在这部纲领性的文件中明确了9项战略任务，其中之一就是提高制造业国际化发展水平。对照自身，沙涓始终都在不断加强竞争优势，论"道"天下。

面对"新国货"的崛起，有人这样评论："越来越多的郭秀玲、曾德钧、马鉴和李鹏正在用中国制造征服世界，他们正在向世界证明，中国制造不只有'成交+规模'，还有'文化+技术'。"

目前，与沙涓一样"志在全球"的中国企业越来越多，蔚为壮观。2012—2021年，中国的制造业增加值占全球比重从22.5%提高到近30%；高新技术产品出口额从3.8万亿元提高到6.3万亿元，这些亮眼数据标出了我国制造业新高度，将为世界提供新的发展机遇。然而在《隐形冠军》一书中，西蒙教授也不无忧虑："改革开放40多年来，中国诞生了一批世界级的企业，但中国要成为真正的制造强国，中国企业要成为高附加值企业，依然任重道远。"

转眼间，我离开故乡内蒙古20多年了，沙涓的品牌源于此，从草原到大漠，从敦煌到宫廷，从黄浦江边到巴黎时装周，随着"布道者"们前进的步伐，早已走向了全世界。

"雄心未竟，即是野心；野心已达，便为雄心。"可以说，沙涓就像中国艺术产业化一面迎风飘扬的旗帜，当年在走投无路中另辟蹊径，现在则当仁不让地成为中国企业进军海外市场的"第一高端羊绒品牌"，向全世界展示了"中国制造"今非昔比的力量与智慧。相信未来会有更多的"中国制造"企业，或顺势而为，或逆流而上，谱写出新时代的华章。那是属于我们所有人的"光荣与梦想"。

正所谓"山不让尘，川不辞盈。勉尔含弘，以隆德声"。一只

"羊"能走多远?答案是,步履不停,直至天边。

打破偏安一隅的保守思想,主动而勇敢地把产品竞争领域扩大到整个世界,应该成为中国有识企业的悬鹄。

对品质的执着坚守,对工业文明近乎"愚痴"的追求,才是我们的品牌最终被称作顶级奢侈品的唯一理由。
